日本人の9割がやっている
間違いな選択

ホームライフ取材班〔編〕

青春新書
PLAYBOOKS

はじめに――「間違いな選択」は、もうしない！

人生は「選択」の連続。仕事や会社、伴侶を決めるといった、将来を左右する大きな決断もあれば、朝食はパンかご飯かなどという小さなチョイスもある。

日常は小さな「選択」の連続だ。例えば、エアコンは「冷房」か「ドライ」か。夏の入浴は「シャワー」か「風呂」か。「5％割引」のA店と「ポイント5倍」のB店のどちらで買うか。ヘルシーそうな「赤い卵」と普通の「白い卵」、どっちを選ぶか。トイレで用を足したあと、水を流す前にフタを閉めるか、開けたままか。高速道路で渋滞時、選ぶべきは「右車線」か「左車線」か……。

こうした些細な選択も、間違った答えを選んでいたら、大きな損をしたり、モノが早く壊れたり、料理がまずくなったり、恥ずかしい思いをしたり、はては命が危険になったりする。チリのような選択も、積もれば山となってしまうのだ。

本書では、こうした日常で間違いがちな選択を多数集め、正しい答えとそうすべき理由を解説している。この一冊を手元に置いておけば、よくある「しまった！」「あっちにしておけば…」という後悔がきっとなくなるはずだ。

日本人の9割がやっている間違いな選択　contents

そんな！まさか⁉の選択

これはビックリ！な選択

ああカン違いな選択

損してしまう選択

ほとんど無駄な選択

台無しになる選択

料理がまずくなる選択

残念、効果なしの選択

かなり恥ずかしい選択

ダメージの大きな選択

リスクの高い選択

危険を招いてしまう選択

そんな!まさか!?
の
選択

ごく当たり前の日常的な行動が、
とんでもない間違いだとしたら…。
「そんな！」「まさか！」と
思わず声をあげたくなる
大失敗の選択をピックアップ！

NG!

トイレのフタ

用を足したあと、フタを開けたままで水を流す

トイレの使用後に水を流すとき、「フタを閉める派」よりも、「フタを開けたまま派」のほうが多いのではないか。だが、開けたままで流すと、目に見えないところで、とんでもないことが起こる。絶対に、フタを閉めてから水を流すべきだ。

まず、フタを閉めないと、細かい水しぶきが周りに飛び散ってしまう。ひどい場合は2m近く跳ねるというから、近くに吊るしてあるタオルはもちろん、ユニットバスなら浴槽や歯ブラシも汚染されるだろう。

しぶきに加えて、エアロゾルという水の微粒子も舞い上がり、90分もの間、空気中を漂うこともある。その微粒子がノロウイルスなどを含んでいたら、次に使う人が感染する可能性は大……。もう、フタを開けて水を流す気にはなれないだろう。

正解 **フタを閉めて流さないと、水しぶきが2m飛び散る!**

NG!

温水洗浄便座のフタ

使いやすいように、フタは「開けておく」

快適な洗浄機能に加えて、寒い時期には便座を温めることもできる温水洗浄便座。しかし、便座を保温しているのに、フタを開けっ放しにしておくのはNGだ。使用後、フタはちゃんと閉めておかないと、相当な電気代を損してしまう。

フタが開いていると、温めた熱がどんどん逃げていってしまう。このため、保温機能をフル回転せざるを得なく、その分、電力を多く使ってしまうのだ。

これに対して、フタをただ閉めているだけで、便座から熱がぐっと逃げにくくなる。フタを開けている場合よりも、消費電力が約15％もダウンするというから、どちらを選択すればいいのか明白だ。さらに電力代を抑えるには、長時間、使用しないときには電源を切っておくこと。待機電力がゼロになるので、より一層の節電になる。

正解 「閉めておく」ほうが電気代がかからない

NG!

トイレットペーパー

安心して使える「ダブルロール」が好き

毎日使う必需品のトイレットペーパー。シングルロールとダブルロールの2タイプがあるが、普段、どちらを選んでいるだろうか？　ダブルのほうが〝安心感〟があるが、経済的な面から見れば、選ぶべきトイレットペーパーはシングルで決まりだ。

一般的にトイレットペーパーはシングルが60m、ダブルはその半分の30mの長さで製造されている。ダブルの1回使用量をシングルの半分にすれば、同じペースで紙が減っていくが、実際にはそうはならない。

2枚重ねのダブルでも、半分の長さでは〝危険〟を感じるのか、シングルの7〜8割の長さまで引き出しがちなのだ。その結果、ダブルはシングルよりも2〜3割早いペースで紙が減っていく。この差が積み重なって、相当な金額の違いになるわけだ。

正解

紙の減り方が遅いのは「シングルロール」

NG!

割引／ポイント

「5％オフ」よりも「ポイント5倍」の店で買う

スーパーなどでは、特定の日に「5％オフ」「ポイント5倍」といったサービスデーを設けることがある。いったい、どちらが得なのか？

200円ごとに1ポイント（1円）がつく店で、1000円の買い物をした場合を計算してみよう（計算が複雑になるので、消費税は省く）。「ポイント5倍」の場合、1000円の買い物をすると、通常なら5ポイントがつく。これに5倍をかけると、25ポイント（25円）だから、「1000円－25円＝975円」になる。

一方、「5％オフ」では、実際の支払い額は「1000円－50円＝950円」。これに4ポイント（4円）がつくと、実質は「950円－4円＝946円」で、「ポイント5倍」よりも約30円安くなる。これからは「5％オフ」の店で買おう。

正解 「5％オフ」のほうが1000円につき約30円お得

NG!

エアコン

「冷房」よりも「ドライ」で運転したほうが得

エアコンは電力をたくさん使う家電製品。節電のために、夏は「冷房」よりも「ドライ」を多く使っている、という人は少なくないだろう。実際、こうしたほうが電気代は安いのだろうか。

ドライは湿度を下げることに特化した機能だ。そのメカニズムを簡単に説明しよう。まず、蒸し暑い部屋の空気をエアコンが吸い込み、内部にある熱交換器に送って熱を奪う。空気の温度が下がると、蓄えられていた水分が水滴となる。そのいらない水滴を集め、部屋の外に出すことによって、さらさらの空気を作り出していく。

では、冷房とドライはどちらが得かというと、簡単に答えは出せない。ドライには基本的にふたつのタイプがあり、かかる電気代が異なるからだ。ひとつは「弱冷房除湿」というもので、エアコン内部で温度を下げた空気をそのまま部屋に戻す機能だ。「弱冷房」という名の通り、少しひんやりした空気が戻ってくることになる。このタイプのドライは、冷房よりも電気代がややかからない。

もうひとつのドライが、冷やした空気を少し温め直してから部屋に戻す「再熱除湿」。ムシムシした夜や梅雨《つゆ》時の除湿などに、この機能は力を発揮する。しかし、温め直すというひと手間があるため、冷房よりも電気代が高くついてしまう。

結論として、ドライが冷房よりも節電になるかどうかは、その家にあるエアコンのタイプによる。一般的にいえば、標準的な機種では弱冷房除湿を採用していることが多いので、冷房よりもドライのほうが節電になる。

これに対して、よりグレードの高い機種の場合、2タイプ切り替え可能か、より高性能の再熱除湿であることが多いようなので、冷房のときよりも電気代が高くなる可能性がある。

まず、取り扱い説明書をチェックして、それでもわからなければ、メーカーに問い合わせてみよう。

正解 ハイグレードな機種の場合、電気代が高くなることも

NG!

めんつゆ

「3倍濃縮」タイプは、「3倍の水」で薄める

そうめんやひやむぎなどにあわせるめんつゆ。ちょっと値段が高めの「ストレート」タイプではなく、リーズナブルでお得な「2倍濃縮」「3倍濃縮」タイプを選ぶ人は多いだろう。「濃縮」している商品なのだから、使う際には薄めなくてはいけない。その薄め方について、意外なほど多くの人がカン違いしているようだ。

2倍濃縮は「めんつゆ1に対して水2」、3倍濃縮は「めんつゆ1に対して水3」。この割合で薄めて使っている人が少なくない。しかし、これでは味が相当薄くなり、物足りないはず。正しい薄め方は、2倍濃縮なら「めんつゆ1に対して水1」、3倍濃縮は「めんつゆ1に対して水2」だ。これまで間違っていた人にとっては、衝撃の事実なのではないか。

正解

大間違い！「2倍の水」で薄めないと薄過ぎる

NG!

ニンジン

皮をむいてから調理する

ニンジンを料理で使うとき、普段、どのようにしているだろうか。いきなり、いちょう切りや短冊《たんざく》切りにする人は少ないのではないか。たいていの場合、まず皮をむいてから、料理にあった切り方をするだろう。

しかし、ニンジンの皮をむくのは、無駄な作業だといっていい。そもそも、野菜売り場に並んでいるニンジンには、すでに皮はついていない。ニンジンの皮は非常に薄いので、収穫後、土を落とすために洗浄する作業によってはがれてしまう。皮だと思っている部分は、じつは可食部なのだ。

このため、ニンジンは基本的に、そのまま調理してOK。ただ、外側の部分はやや硬いので、食感が気になるようなら、薄くむいてもかまわない。

正解 すでに皮はないので、むかなくてOK

NG!

卵 少々高くても、ヘルシーな「赤い卵」を選ぶ

スーパーなどで卵を選ぶ際、何を判断基準にしているか。その日の価格、鮮度、大きさ、エサのこだわりなど、さまざまな選び方があり、どういった点を重視するのかは人それぞれだろう。ただし、まず卵の色をチェックし、必ず「赤い卵（赤茶色の卵）」を選択しているのなら、考え直したほうがよさそうだ。

ほとんどの卵売場には、「白い卵」「赤い卵」の両方が並んでいる。何となくだが、赤い卵のほうが健康的で、栄養価も高いように思えるのではないか。白い卵よりも値段が高いこともあって、こだわって生産された卵のような気がするかもしれない。

しかし、こうしたプラスのイメージは単なる思い込みで、白い卵と赤い卵には味や栄養価の違いはない。じつは、卵の殻の色は、基本的に親鳥の羽毛によって決まる。白い羽毛を持つ鶏は白い卵を産み、赤茶色をした鶏は赤っぽい卵を産むのだ。

赤い卵のほうが少し値段が高いのは、飼育にかかる経費が違うから。赤い卵を産む

鶏は、白い卵を産む鶏よりも大柄で、エサをたくさん食べるため、その分が価格に上乗せされている。
　では、赤い卵のほうが〝高級〟というイメージを持つのはなぜだろう。養鶏が産業化される前、日本では在来種（いわゆる地鶏）の卵が出回っていた。在来種の多くは赤茶色の鶏で、当然、産む卵も赤っぽい。ここから、赤い卵→地鶏の卵→健康的というイメージができあがり、いまにつながっているという見方もある。

正解　何となくそう思うだけ。栄養価は「白い卵」も同じ

NG!

砂糖

無漂白のヘルシーな「三温糖」をチョイス

砂糖にはさまざまなタイプがある。日本で最も一般的に使われている「上白糖」、それよりも結晶の大きな「グラニュー糖」、果実酒を作るときに欠かせない大粒の「氷砂糖」、これらはいずれも見た目は真っ白。一方、色のついた砂糖もあり、黄褐色をした「三温糖」はその代表だ。

こうした数ある砂糖のうち、普段、どのタイプを使っているだろうか？　白い砂糖は漂白しているから買わない。自然な色のついた砂糖が一番だ。こう信じて、必ず三温糖を買っているのなら、考え方を根本的に改めたほうがいい。

上白糖やグラニュー糖などの真っ白い砂糖は、漂白など一切していない。さらにいえば、これらは〝白く見える〟だけ。砂糖の成分は「ショ糖」というもので、元々、無色透明の物質なのだ。

上白糖やグラニュー糖は、なぜ白く見えるのか？　この理屈は、水と雪の関係と同じだ。水もショ糖と同じく、本来は無色透明。しかし、雪のような細かい粒になると、光が乱反射して白く見える。上白糖やグラニュー糖が白く見えるのも、細かい結晶に光が当たって乱反射するからだ。

一方、三温糖の黄褐色は、見た目通りの色。では、どうして色がついているのか？　砂糖はサトウキビやテンサイなどのエキスを加熱し、精製、結晶化して作られる。上白糖やグラニュー糖は、この過程のはじめのほうで結晶化されるタイプだ。

まだエキスはたっぷり残っているので、さらに加熱、精製が重ねられるうちに、熱によって次第に色づいていく。こうして生まれるのが三温糖。つまり、薄茶色は加熱で生まれる微妙な〝焦げ〟といっていい。

色の違いは精製段階の違いに過ぎないから、選ぶ際の決め手にするのはまったく意味がない。砂糖は味の違いで選ぶようにしたい。上白糖は純度の高いソフトな甘さが特徴で、三温糖は雑味が多い分、より甘くてコクを感じられる。

正解　「三温糖」の色はただの〝焦げ〟。味の違いで選択を

NG!

うどん

吹きこぼれ防止に「差し水」をする

うどんをゆでるとき、昔から「差し水」が必要だといわれてきた。これは吹きこぼれ防止策で、別名「びっくり水」ともいう。ゆで汁がぶくぶく泡立った際、用意していた水を加えて、いったん温度を下げる方法だ。

吹きこぼれの危険が迫ったとき、このひと手間を加えると、確かに鍋から湯があふれることはないだろう。しかし、いまでは「差し水」は必要なく、ガスの火加減で対応すべきだという意見が強い。

差し水をするか、しないか。じつは、この選択は、うどんのうまさを決める大きな要素「コシ」の強さにかかわっている。コシの強弱を決めるのは、麺に含まれる水分の量。ベストなのは表面が約80％、中心部分が約50％のときで、両者の水分量の差が噛んだときの食感の違いにつながるわけだ。

このコシを出すには、高温を維持した大量の湯でゆでることが大切だという。ところが、差し水をすると、温度が大幅に下がりやすく、再沸騰するまでに時間がかかってしまう。このため、ガスのつまみを微調整し、火加減を変えることによって、吹きこぼれを防ぐ方法に軍配が上がるのだ。

「差し水」については、その昔、かまどで調理していた時代、火加減が難しかったので生まれた手法だという説がある。それから時代が大きく変わり、家庭用調理器具は大きく進歩したのだから、昔のやり方にこだわる必要はないだろう。

正解 温度が急激に下がるので、「火加減」で調整

NG!

ガスコンロ

早く沸騰するから「強火」で湯を沸かす

ガスコンロで湯を沸かすとき、どういった火加減にしているだろうか。火の勢いのある「強火」が正解のように思えるが、意外にも余分なお金を使うことになる。

「強火」で沸かすのと「中火」にかけるのでは、やかん1杯の水を沸騰させるまでにかかる時間は、じつは数分しか違わない。その一方、火の勢い自体は随分違うので、ガス代は「強火」のほうが多くかかってしまう。時間に余裕さえあれば、「強火」よりも「中火」で沸かすほうがいいわけだ。

では、もっと火を小さくして、「弱火」でじわじわ熱するのはどうだろう。さらに省エネになる気もするが、そうはいかない。沸騰するまでに「強火」の4倍以上も時間がかかり、ガス代は最も高くなる。やはり、「中火」が一番だ。

正解

「中火」のほうが省エネで、ガス代が安い

NG!

夏の入浴

節水のために「シャワー」で済ます

夏はシャワーだけで十分と、風呂を沸かさない家庭も多いだろう。ただし、家族が複数いる場合、シャワーで済ますのは経済的ではない。

シャワーは1人平均、約17分使用するという。この間に使う水の量は約200ℓで、ちょうど浴槽1杯分に当たる。ということは、1人暮らしであっても、節水を心がけなければ、シャワーは節約にはならないわけだ。さらに家族が2〜3人いれば、節水しつつシャワーを浴びても、トータルで17分を超えることのほうが多いだろう。節約を考えたら、夏でもシャワーではなく、風呂を沸かすべきだ。

また、冬でもシャワーのみ、という人もいるだろう。この場合、浴室が寒いので、湯を出しっ放しにしがちだろうから、水道代もガス代も一層かかってしまう。

正解　家族が複数なら、「風呂」を沸かすほうが節約に

NG!

フローリングの掃除

まず掃除機をかけてから床を拭く

家族が集まるリビングなどのフローリングは、ほこりや髪の毛、皮脂、ペットの毛、砂ぼこりなどで汚れやすい。掃除機と拭き掃除の連携プレーで、いつもキレイにしておきたいものだ。

では、フローリングの掃除は普段、どういった手順で行っているだろう。まず掃除機をしっかりかけて、それから雑巾やフロアワイパーなどで拭き掃除をする。この流れで進める人が多いのではないか。しかし、このやり方では、せっかく丁寧に掃除をしても、数時間後にはハウスダストだらけのフローリングに戻っている。

フローリングの掃除では、最初に掃除機をかけてはいけない。掃除機の後ろ側から出る排気によって、落ちていたほこりなどが舞い上がってしまう。じつは、目に見えない細かいほこり類は、すぐに落ちてはこない。長い間、空気中をふわふわ漂い、4時間ほどたってから、ようやく落ちてくるものもある。

このため、掃除機をかけたあと、いくら念入りに拭き掃除をしても無駄。ピカピカになったフローリングの上に、次々とほこりが舞い落ちてくる。

フローリングの掃除は、拭き掃除からはじめるのが鉄則。第一段階として、雑巾やフロアワイパーを使って、落ちている目に見えないほこり類を拭き取る。そして、仕上げの第二段階として、拭き掃除では取れなかったほこりやゴミを掃除機で吸い取るのだ。ほこり類はフローリングの溝に多いので、木目に沿ってかけるようにしよう。

正解 ほこりが舞い落ちてくるので、まず拭き掃除を

NG!

高速道路

渋滞時は「右車線（追い越し車線）」を走る

年末年始やお盆、GWなどに必ず発生するのが、高速道路の渋滞。こうした嫌な渋滞につかまった場合、どの車線を走ると速く進むのだろうか。

2車線区間の場合、左側が走行車線で、右側が追い越し車線。通常、追い越し車線のほうが車のスピードが速いので、渋滞のときもこの右車線を走る人が多いだろう。そして、残念ながら、より渋滞から抜け出せなくなってしまう。

道路がだんだん混雑し、車のスピードが遅くなってくると、左車線を走っている車が車線変更し、右車線にどんどん入っていく。その結果、右車線の渋滞のほうがひどくなるので、左車線をキープし続けたほうが、意外にも目的地には早く着くのだ。3車線の場合も、理屈は同じ。一番左側の車線を選ぶようにしよう。

正解 車が集中しない「左車線」のほうが速い

NG！

高速道路

朝の渋滞時も、基本の「左車線」を走る

高速道路が渋滞したときは、左側の走行車線を選択するのが基本。ただし、朝の渋滞の際にも左車線に固執すると、逆にひどい渋滞につかまってしまう場合がある。

朝の渋滞は、仕事やレジャーに出かけようとする車が多いことを意味する。この先のインターチェンジからは、新しい車がさらに合流してくるだろう。となると、左車線の車が増えて、右車線よりも遅くなるかもしれない。このため、入ってくる車の多さなどをある程度予測し、状況に応じて、走る車線を選ぶのがいいだろう。

逆に夕方の渋滞の場合、高速道路に入ってくる車よりも、下りていくほうが多いので、左車線を走る車は少しずつ減っていく。通常の渋滞時よりも、一層、左車線のほうがスムーズに流れるはずだ。

正解 車の合流が多いので、状況を見て選択

NG!

リンス　傷んだ髪を「リンス」で整える

髪の汚れや皮脂を落とすために、まずシャンプー。その泡をしっかり流し終えたら、次はリンスかコンディショナー、またはトリートメントを使う。髪のケアに気をつかっている人は、この流れで髪の手入れをしているだろう。しかし、リンス、コンディショナー、トリートメント。この3つの違いをちゃんと理解して使っているだろうか。例えば、傷んでしまったダメージヘアに適しているのはどのタイプなのか。

「リンスなら、どんな髪にも使える」「別にどれでもいいのでは」……こんなふうに思っていたら、その髪は一層傷んでいくかもしれない。

リンスとコンディショナーには、じつははっきりした違いはない。どちらも髪の表面にある「キューティクル」を整えるためのものだ。髪につけると、キューティクルの上に薄い油の層ができる。このコーティングによって、髪のパサつきを防ぎ、滑りを良くして、髪を整えやすくするわけだ。

ただし、リンスとコンディショナーが目的とするのは、基本的に髪の表面のケアで、傷んだ髪を改善に向かわせることではない。すでに傷んだ髪に向いているのはトリートメント。リンスやコンディショナーとは異なり、髪の内部まで成分が浸透するので、髪の状態を根本から整えることができる。

リンスやコンディショナーはすぐに洗い流しに移るが、トリートメントの場合、髪の内部に浸透するまで3～5分置くのがポイントだ。

正解 髪内部まで浸透する「トリートメント」をチョイス

NG!

雨の日の歩き方

泥水が跳ねないように「小股」で歩く

雨の日に外を歩くときは、ズボンの裾に泥がつかないように気をつけたい。しかし、泥が跳ねないように、小股で慎重に歩いてみたが、それでも泥跳ねしてしまった……。

この場合、失敗した理由は明白だ。

裾につく泥は、足を踏み出すときに跳ね上げられ、その足を追うように前へと飛んで広がったもの。小股で歩くと、泥の跳ね上げ地点から、もう片方の足まで距離が近くなるので、泥跳ねが届きやすいのだ。

ということは、泥が飛んでも届かない場所に、もう片方の足を置くようにすればいい。そのためには、足と足の間を少し開き、大股でさっさと歩くのがいちばんだ。この歩き方によって、泥跳ねはぐっと少なくなるので、ぜひ試してほしい。

正解 跳ねた泥水がつかないように「大股」で歩く

これはビックリ！
な
選択

サラダ油やマヨネーズは、
ヘルシーなタイプに限る？
缶コーヒーは微糖？ 低糖？
卵は1日1個まで？ 2〜3個もOK？
さあ、これまでの選び方を見直そう。

NG!

サラダ油

健康にいい「コレステロールゼロ」タイプに限る

サラダ油を並べている食品棚では、最近、「コレステロールゼロ」を謳《うた》い文句にした商品が目立つ。

コレステロールが血管の内壁にこびりつくと、動脈硬化を進めてしまって、脳卒中や心筋梗塞などの重大な病気につながりかねない。サラダ油はほとんど毎日摂取する食品だ。これが「コレステロールゼロ」なら、生活習慣病予防に相当な効果がありそうに思えて、気になる人は飛びつきたくなるかもしれない。

しかし、サラダ油を買う際、わざわざ「コレステロールゼロ」タイプを選ぶ意味はまったくない。そもそも、サラダ油をはじめとする植物油には、コレステロールはほとんど含まれていないからだ。

では、なぜ、こうした無意味なことをアピールするのか。その理由は、ヘルシーな商品ですよと、消費者の目を引くため……それだけのことなのだ。

　サラダ油が「コレステロールゼロ」をアピールするのは、豆腐が「砂糖ゼロ」、あるいは「ノンシュガー」を謳うのと同じようなこと。気にしないで、好きなメーカーのものを買えばいい。

　食事で生活習慣病を予防したいのなら、ＬＤＬコレステロール値を下げる効果が期待できるシソ油、エゴマ油などを選び、生食でとるのがおすすめだ。

正解　どの商品も「ゼロ」だから、選ぶ意味なし

NG!

マヨネーズ

カロリーの少ない「ハーフ」がお気に入り

ダイエットブームのなか、食品売場には「カロリーオフ」を売り物にした商品がひしめきあっている。「カロリーハーフ」タイプのマヨネーズもそのひとつだ。しかし、「ハーフ」タイプはマヨネーズではない。一見、マヨネーズ風だが、「サラダクリーミードレッシング」という別のカテゴリーの商品なのだ。

マヨネーズに分類されるのは、油脂の割合が65%以上で、調味料と香辛料抽出物質以外の食品添加物を使っていないもの。一方、「サラダクリーミードレッシング」は、油脂の割合が10%以上50%未満でＯＫ。当然、食感や味わい、コクがマヨネーズとは異なるので、乳化剤や酸味料、増粘剤といった多くの食品添加物で味を調整している。見た目はそっくりでも、相当違うことを理解し、次に何を買うか決めたい。

正解 「ハーフ」は添加物だらけで、「マヨネーズ」とは別物

NG!

モヤシ
安全な「無漂白」を選んで買う

売場に年中並ぶ定番野菜で、野菜炒めやラーメンの具などで活躍するモヤシ。売場を見ると、なかには「無漂白」と袋に表示されているものがある。これなら安心と、選んで買っている人はいないだろうか。

わざわざ「無漂白」を打ち出しているということは、そのほかのモヤシは漂白されているということか？ 確かに、時代をさかのぼれば、漂白されたモヤシは実際に売られていた。しかし、半世紀ほども前に、食品を漂白することは禁じられている。

当然、いま流通しているモヤシはすべて無漂白。「漂白」をアピールするものを選ぶ必要はまったくない。袋の表示ではなく、モヤシの状態をよく見て、鮮度の良さそうなものを選ぶのがいいだろう。

正解 どれも漂白していないから、選ぶ意味なし

NG!

卵 コレステロールが多いから、「1日1個」まで

卵は1日いくつ食べていいのだろうか？　コレステロールのとり過ぎになるので、もちろん、1日1個まで。この選択肢のほかはないのでは……こう思っている人は、大きなショックを受けるに違いない。1日1個というのは、かつての間違っていた健康常識。いまでは、卵の摂取量に制限はなくなっているのだ。

動脈硬化の原因として、悪者扱いされてきたコレステロール。以前は、多く含む食品を取ると、血中コレステロールに影響を与えるとされていた。卵はそういった〝危険な〟食品の代表。1個に200㎎以上ものコレステロールを含むので、食べる量が制限されていた。

しかし、そもそも、卵が体に悪いというのは、いまから100年以上前の1913年、ロシアで行われた研究による。ウサギにコレステロールの多い卵を与えると、血中コレステロールが増加し、動脈硬化を起こしたという実験がその根拠だ。けれども、

ウサギは草食動物で、本来は卵など食べるわけがない。この実験結果をそのまま人間に当てはめるのは、かなり無理があるだろう。

じつは人間の場合、血中コレステロールの7~8割は肝臓で作られることがわかっている。しかも、食事で多くとれば作る量は少なくなり、摂取が少なければ、その分たくさん合成される。つまり、体内で血中コレステロールをうまく調節しており、食べものに含まれるコレステロールの影響は少ないのだ。

こうした事実が明らかになってきたため、厚生労働省は2015年の「食事摂取基準」で、コレステロールの摂取量の基準を撤廃。何と、1日いくつ食べてもかまわないことになったのだ。

卵は食物繊維とビタミンC以外の栄養素を豊富に含む「完全栄養食品」だ。値段は格別安く、料理も簡単。これからはコレステロールを気にせず、「1日1個」の誤った一択から解き放たれよう。

正解 量の制限が撤廃され、いくつ食べてもOK

NG!

ゴキブリ

丸めた新聞紙で、「後ろ」から叩く

黒光りするカラダで、長い触覚を震わせながら、コソコソ、カサカサ歩く……。大の嫌われ者のゴキブリ。こいつを見つけたら、殺虫剤がない場合、新聞紙を丸めて叩くことが多いだろう。しかし、たびたびかわされ、なかなか仕留められないのなら、叩き方が悪いのかもしれない。

結論からいえば、ゴキブリには後ろから近づいてはいけない。あえて正面から向き合い、バシッと叩くのが、ゴキブリ退治のコツだ。後ろから攻めると逃げられやすいのは、ゴキブリのお尻に「尾葉《びよう》」と呼ばれる2本の感覚器がついているから。これはとても優秀なセンサーで、ほんの小さな空気の動きを感知することができる。

尾葉がかすかな風を感じてから、逃げようとする行動に移すまで、0・1秒もかからない。とてつもない速いスピードで動くので、後ろから挑んでも、なかなか仕留められないわけだ。

一方、前方向の頭部にはもちろん目がある。しかし、ゴキブリは夜行性のため、視力はあまり良くない。安心して、正面から近づこう。

とはいえ、前から攻めても、一発では仕留めきれないこともあるだろう。この場合、ゴキブリは急に人間のほうに向かってくることが少なくない。これはゴキブリにはバックができないという習性があるためだ。動いているとき、尾葉の働きは弱くなるので、落ち着いて二発目を打ち下ろそう。

正解　尻にセンサーあり。「前から」叩くべし！

NG!

ゴキブリ

叩いてひっくり返ったら、軽くつまんで捨てる

丸めた新聞紙でゴキブリを叩くと、コロリとひっくり返る。よーし、仕留めたぞと、ティッシュペーパーなどで軽くつまみ、ゴミ箱に捨ててはいないだろうか。その「軽くつまむ」というのは、ゴキブリ退治の際のやってはいけない代表的なチョイス。翌朝、そのティッシュペーパーのなかには、ゴキブリの姿はないかもしれない……。

ゴキブリは衝撃を受けると、いったん仮死状態になることがある。死んではいないので、致命傷を受けてはいない場合、しばらくしたら復活してしまう。ひっくり返ったら、しっかりとどめを刺してから、つまんで捨てるようにしよう。

これは掃除機で吸い込んだ場合も同じで、あとで復活する可能性は大だ。すぐに紙パックを取り出し、できれば殺虫剤をかけてから、ゴミと一緒に捨てよう。

正解 **死んだふりかも…。とどめを刺してから捨てる**

NG!

トイレットペーパー

「谷折り」で折りたたんで拭く

普段、トイレットペーパーを巻き取るとき、どのようにしているだろう？　紙を引っ張って、手前から上側に折りたたむ「谷折り」にしている人も多いのではないか。しかし、このやり方では、ちょっと残念なことになる。じつは、トイレットペーパーには表面と裏面がある。表面はツルツルで、裏面はややザラザラしているのだ。「谷折り」にして折りたたむと、裏面で拭くことになってしまう。

トイレットペーパーの巻き取り方は、「谷折り」とは逆に、手前から下側に折りたたむ「山折り」にするのが正解。こうすると、肌に優しい紙の表面で拭くことができる。なお、これはシングルロールの場合。ダブルロールは裏面同士を貼りつけているので、どのように巻き取っても、柔らかい表面が肌に触れることになる。

正解

「山折り」にして、柔らかい表面で拭く

NG!

缶コーヒー

糖分を控えるため、「低糖」よりも「微糖」

缶コーヒーは糖分控えめなのが好き。「低糖」だとまだ甘いので、「微糖」を買っている。いつもこんな選択の仕方をしている人は、その裏に隠された秘密を知ったらビックリするだろう。なんて無駄なことをしていたのかと……。

じつは、食品表示法によると、「低糖」「微糖」タイプに含まれる糖分は同じ。ドリンク類の場合、100㎖当たり「2・5g以下」、食品なら100g当たり「5g以下」の糖分が含まれる場合、「低糖」または「微糖」と表示していいことになっている。

糖分量がこの範囲内に収まっていれば、メーカーは「低糖」「微糖」のどちらの表現を使ってもOK。ということは、A社の「低糖」よりも、B社の「微糖」のほうが甘い場合もあり得る。「低糖」「微糖」の表現にこだわる意味はない。

正解 どちらの糖分も、100㎖中2・5g以下

NG!

アルミホイル

ピカピカ光る面を表にして使う

キッチンラップとともに、どの家庭でも常備しているのが、台所用のアルミホイル。注意深い人は、アルミホイルには見た目の「裏表」があることを知っているだろう。一方の面はピカピカ光っているが、もう片面は「つや消し」のような感じで、よく見ると随分感じが違う。

ピカピカしているほうが「表」なのだろうと、食材を包むときには、光る面を外側にして使っている人もいそうだ。しかし、アルミホイルに性能上の「裏表」はない。つや消し面は、製造過程で薄く延ばす際、目に見えない小さな凸凹がついて、光を乱反射しているだけなのだ。どっちを表側にしたらいいのか……などと気にしないで、好きなように使ってかまわない。

正解 裏表はないので、どちらが表側になってもOK

NG!

牛肉

ランクの低そうな「交雑種」は買わない

食肉売場で牛肉を選ぶとき、パックの表示のどこに注目するだろう。安い食材ではないから、価格はとても重要だ。ステーキ肉ならサーロインやロース、ヒレ、肩ロースなど、どの部位なのかもチェックする必要がある。

そして、もうひとつの注目ポイントが、どんな牛の肉なのかということだ。肉にこだわる店では、「和牛（黒毛和種）」「国産牛（ホルスタイン）」「国産牛（交雑種《こうざっしゅ》または交雑牛）」といった具合に、牛の種類がくわしく表示されることもある。

このうち、どの牛肉パックに手が伸びやすいか。基本的に、お金に余裕があるときは和牛、給料日前ならホルスタインをチョイス。残る交雑種については、ランクの低い肉牛だろうと判断し、買おうとしない人もいるのではないか。

確かに、「雑種」という言葉の響きに高級感はないが、肉の質からいえば、ホルスタインよりもランクが上。価格もほどほどで、牛肉としてはかなり魅力的なのだ。

では、交雑種とホルスタインはどう違うのか。まず、ホルスタインは乳牛として品種改良されてきた牛で、牛乳を大量に生産するのが得意だ。オスにはその能力がないので、子牛のころから栄養価の高い飼料を与えられ、食肉用として育てられる。とはいえ、もともとスマートな体型で、肉質はあまりいいとはいえない。

これに対して、交雑種は一代雑種。多くの場合、黒毛和種のオスとホルスタインのメスをかけ合わせて生産される。黒毛和種の血を引くことから、その肉はホルスタインよりも脂の入り具合が良いのが特徴だ。肉質はホルスタインよりも上で、しかも価格は黒毛和種ほど高くなく、コストパフォーマンスに優れた牛肉といえる。

交雑種は1991年、牛肉の輸入自由化がはじまってから、より魅力的な国産牛をつくろうと、多く生産されるようになった。母牛となるホルスタインの多い北海道をはじめ、鹿児島県や宮崎県、岩手県などで数多く飼育されている。変な先入観にとらわれて、まだ交雑種の肉を食べたことがない人は、一度味わってみてはどうだろう。

正解 肉質が「和牛」と「乳牛」の中間でお買い得

NG!

そば

どれを選ぶかは価格が決め手

スーパーでそばを買う場合、値段をチェックして、安いものを選んだことはないだろうか。そば好きなら、そうしたセレクトの仕方は金輪際やめるべきだ。

問題は材料。そば粉は値段が高いため、安いそばには、小麦粉のほうが多く使われている。じつは生めんの場合、そば粉が30％以上入っていれば、堂々とそばとして販売できるのだ。さらに乾めんなら、30％未満でもそばを名乗れる。こうした作り方では、そば本来の味や香りなど、まったく期待できない。

そばを選ぶときは、価格ではなく、包装の食品表示欄をチェックしたい。使用量の多い順に表示されるので、最初に「そば粉」とあれば、一応、うどんよりもそばに近い味がするはずだ。

正解 表示欄を見て、材料の最初に「そば粉」とあるものを

ああカン違い な 選択

知識不足や思い込みなどから、
チョイスの仕方を
誤ってしまうのはよくあること。
正しい情報をつかんで、
残念なカン違いをなくそう。

NG!

酢

腐らないので、「常温」で保存する

酢は腐ることなどなさそうなので、開封後も常温で保存している家庭がほとんどだろう。しかし、それでは品質が変わる場合もある。

基本的に、酢は開封したあとも、キッチン戸棚のなかなど、日の当たらない冷暗所に保存しておいてOKだ。ただし、腐らないとはいっても、酸化によって劣化してしまうことがある。酸味が飛んだり、表面に白い膜ができたりしたら、酸化した可能性がある。こうなったら、もう使わないほうが無難だ。

酸化を避けるには、夏場などの気温の高い時期のみ、冷蔵庫に入れて保存するのがいい。こうしておくと、賞味期限も伸びる。冷暗所保存の場合、開封後約半年が賞味期限だが、冷蔵庫に入れておくと、約1年間は品質が変わらない。

正解 暑いと酸化しやすいので、「夏は冷蔵庫」で保存する

NG!

みりん

風味を保つため、「冷蔵庫」で保存する

醤油や味噌は開封後、風味を落とさないために、冷蔵庫で保存するほうがいい。同じように、みりんも劣化を防ぐため、冷蔵庫に入れておくのが正解。こう思うかもしれないが、使っているのが「本みりん」なら、常温で保存しよう。

本みりんは糖分を多く含んでいる。このため、低温の環境のなかでは溶解率が下がり、糖分が結晶化して、白く濁ったり、白い沈殿物ができたりする。劣化したわけではないので、使用はできるものの、成分バランスがやや崩れているだろう。

本みりんを常温で保存しても劣化しないのは、アルコールを含んでいるからだ。これに対して、「みりん風調味料」はアルコールを含んでいないので保存性が悪い。開封後は冷蔵庫に入れておくのが正しい保存方法だ。

正解 **糖分が結晶化するため、「常温」で保存する**

NG!

米

計量カップに入れて、「トントン」する

ご飯を炊くとき、いまどき、米を目分量で計る人はいないだろう。計量カップを使って、1合なら1カップ、2合なら2カップ分をちゃんと計って、炊飯器や鍋に入れているはず。しかし、その計り方が間違っていたら、水の量とのバランスが崩れるので、ご飯をおいしく炊くことはできなくなる。

やってはいけない計り方は、米をカップに入れてから、テーブルなどにトントンと軽く打ちつけること。こうすると、米がカップのなかで詰まって量が増え、より多くの水が必要になる。手のひらでギュッと押さえつけるのも、同じ意味からNGだ。

正しいのは、多めに米を入れてから、菜箸《さいばし》などですり切ること。この計り方をチョイスしないと、固めのご飯を食べる羽目になってしまう。

正解 **それでは多くなる。「すり切る」のが正解**

NG!

ブイヨン

「洋風だし」だから、仕上げにしっかり味つけ

洋風料理を作るのに便利な「ブイヨン」と「コンソメ」。どちらも同じような〝スープの素〟だと思っている人もいるだろうが、本来は違うものだ。ともにフランス語で、「ブイヨン」は「だし」、「コンソメ」は「完成された」という意味を持つ。

本来、ブイヨンをベースにして、調味料や具材を入れて煮込むと、コンソメスープができる。ただし、市販のブイヨンでスープを作る場合、最後に塩などを加えて調整すると、味がかなり濃くなるので注意したい。

じつは、固形や顆粒のブイヨンとコンソメには明確な違いはない。市販のブイヨンは純粋なだしではなく、食塩や砂糖が加えられていることが多いのだ。仕上げの味つけは、微調整する程度で十分。決して、塩コショウを多めに振ってはいけない。

正解 塩分が加えられているので、仕上げは微調整でOK

NG！

水

「ミネラルウォーター」は「水道水」よりも安心

水道の水はおいしくない、塩素の臭いがする、安全でない。こういった理由から、特に大都市圏では、ミネラルウォーターを好んで使っている人が多い。しかし、味や臭いについてはさておき、こと安全性の面から水道水を避け、ミネラルウォーターを選んでいるのなら、まったくの考え違い。その選択の仕方には問題がある。

まず、水道水とはどういった水なのか。「水道法」によると、①病原菌に汚染されていない、②有害物質を含んでいない、③異常な酸性またはアルカリ性ではない、④臭みがない、⑤無色透明であること。これらの条件を満たす水と定められている。

次にミネラルウォーターとは、「食品衛生法」によると、水のみを原料とする清涼飲料水のこと。4つのタイプに分類されるが、一般的には、「○○山の水」といった商品のように、ミネラルを豊富に含む地下水を原料とする。

では、水道水とミネラルウォーターの安全性を比べてみよう。水道水の水質基準は、一般細菌や化学物質、農薬類などの51項目があり、これらをすべてクリアしなければならない。一方、殺菌・除菌ありのミネラルウォーターの場合、水道水よりも10項目以上少ない39項目が水質基準。殺菌・除菌なしのミネラルウォーターにいたっては、14項目を満たせば販売できる。水道水に比べて、基準がかなり緩いのだ。

基準の具体的な内容はどうか。例えば、ヒ素や鉛の量については、水道水は1ℓ中0・01㎎以下が基準。ところが、ミネラルウォーターはその5倍の0・05㎎以下でかまわない。こうした基準も、ミネラルウォーターのほうがずっと緩い。

水道水は毎日欠かせないものだが、ミネラルウォーターはただの食品の扱い。基準がここまで大きく異なるのは、この根本的な違いによる。

水道水は塩素が加えられているので、カルキ臭さが気になるという人もいるが、浄水器を取りつけたら、その問題は簡単に解決する。日本の安全な水道水を、もっと使ってみてはどうだろう。

正解 「水道水」のほうが、はるかに厳しい基準をクリア

NG!

強火・中火・弱火

つまみをどこまで回すかで判断

ガスコンロで調理する場合、レシピでは「強火」「中火」「弱火」「とろ火」といった表現が使われる。それぞれの火加減について、ちゃんと理解しているだろうか？

特に「強火」については、誤解しているケースがよく見られる。ガスコンロのつまみを全開にしたときの最も激しい火加減。こう思っている人が多いようだが、大きな間違いだ。火加減は単なる「つまみの位置」で決めるものではなく、「炎と鍋底との関係」が判断基準となる。

「強火」という火加減は、ガス穴から出た炎が鍋底全体に回っている状態のことを示す。中華鍋や大きなフライパンを使う場合、「強火」にするには、つまみをほぼ全開にする必要があるだろう。

ところが、小さな鍋を熱するときに全開にすれば、炎は鍋底からはみ出して、鍋の側面まで包むことになる。これでは火の勢いが強過ぎるので、つまみを少し緩めなければいけない。鍋の大きさによって、つまみの位置は変わるわけだ。

同じように、「中火」「弱火」も炎と鍋底との関係で決まる。「中火」はつまみを半分開いた状態ではなく、炎の先が鍋底にちょうど当たるくらい。「弱火」とは鍋底に火が直接当たらず、火の先がガス穴と鍋底の間にある火加減のことだ。「弱火」よりもさらに勢いが弱く、火が何とかついている状態を「とろ火」という。

こうした火加減をマスターすることは、料理の基本中の基本だ。

正解 つまみの位置ではなく、炎と鍋底との関係が大事

NG!

メープルシロップ

はちみつと同じように、「常温」で保存する

パンケーキになくてはならないメープルシロップ。見た目がよく似たはちみつと同じように、開封後は常温保存されるケースが多いようだ。さて、この保存場所のチョイスは正しいのだろうか？

メープルシロップは一見、はちみつに似ているが、まったく違う食品。開封後、常温で保存していると、水分が蒸発し、結晶化して使いづらくなる。さらに、カビが生えることもあるので、常温での保存はNGだ。

トラブルを避けるため、開封後は冷蔵庫で保存して、1か月以内に使い切るようにしよう。それほど早くは使い切れない場合は、冷凍庫に入れておくのがベスト。これなら、開封後、3か月ほどは持たせることができる。

正解 **常温では劣化するので、「冷蔵庫か冷凍庫」で保存**

NG!

しらす干し

いつでも「ちりめんじゃこ」を買う

イワシの稚魚の加工品である「しらす」類。スーパーの売場には、「しらす」「しらす干し」「ちりめんじゃこ」などが並んでいる。どう違うのか、よくわからないまま、「しらす干し」あるいは「ちりめんじゃこ」ばかりを買っている人はいないだろうか。本当は軟らかいものが好みなら、そのチョイスは間違っている。

しらす類は、軟らかいほうから、塩ゆでしただけの「しらす」、塩ゆでして少し干した「しらす干し」、しっかり乾燥させた「ちりめんじゃこ」に大きく分けられる。いろいろ食べ比べてみて、好みの固さのものを見つけてみてはどうだろう。

なお、いまあげた分類の仕方は、主に関東などの東日本の場合。地方によって呼び名が違うので、わからない場合は店の人に聞くのがいいだろう。

正解 **軟らかいものが好きなら、「しらす」をチョイス**

NG!

醤油

塩分を控えたいので、「淡口醤油」を使う

日本料理が好きだけど、気になるのが料理の塩辛さ。特に、醤油の塩分が気になるので、減塩のために「淡口《うすくち》醤油」を使っている……。こんな人が身近にいたら、その選択は大間違いだと教えてあげよう。

全国的に最も使われている醤油は、生産量の8割以上を占める「濃口醤油」。香りや色、味わいのバランスが良く、煮物、焼き物などの調理用としてはもちろん、豆腐などにちょっとかける卓上醤油としても最適だ。

一方、淡口醤油は濃口醤油よりも色が薄いのが特徴。江戸時代に兵庫県で誕生した醤油で、いまでは全国生産量の13％程度を占める。

醤油は発酵、熟成を長く続けるうちに風味が豊かになる。同時に色が濃くなり、独特の醤油色になっていく。淡口醤油は高濃度の食塩で仕込むことにより、この発酵、熟成を抑えたものだ。加えて、濃口醤油よりも短期間で醸造することで、より淡い色

の醤油ができる。

「淡口醤油」はうま味や香りが控えめだが、煮物や吸い物などに使うと、素材の色合いを活かすことができる。特に、上品に仕上げたい京料理には欠かせない醤油だ。

両者の塩分を比較すると、濃口醤油が約16％なのに対して、「淡口醤油」は18～19％。名前や見た目とは裏腹に、淡口醤油のほうが塩辛いので、減塩のために使うというのは大きなカン違いだ。

醤油のなかには、淡口醤油よりもさらに色が薄く、ビールのような琥珀《こはく》色をした「白醤油」という種類もある。主に三河地方で作られる醤油で、生産量は全体の1％程度と少ないから、見たことのない人も多いだろう。

この白醤油は、淡口醤油以上に発酵を抑えて造られる。見た目からは、とても淡泊な味わいを想像してしまうが、実際には塩分濃度が約18％。これも濃口醤油よりも塩分が多いので、使う際には注意が必要だ。

正解 減塩のためなら、塩分濃度の低い「濃口醤油」を

NG!

衣類のドライマーク

「〜しなければいけない」という意味

衣類にはさまざまな絵表示の「洗濯マーク」がついている。はじめて洗濯する前、誰でも必ずチェックするもののひとつが「ドライマーク」だろう。円のなかに波線が入り、その上に「ドライ」と表示されているものだ。

この「ドライマーク」があれば、「ドライクリーニングしなければいけない」と思ってはいないだろうか。これは大きなカン違い。そうではなく、「ドライクリーニングをしてもいい」という意味なのだ。

衣類に「ドライマーク」があっても、洗濯機の「手洗い」などのコースで洗うことができる。ただし、干すときに縮みやすいので、服の繊維を伸ばしたうえで、平らな場所に干すのがいいだろう。

正解 じつは「〜してもいい」という意味。洗濯機でOK

NG!

洗濯洗剤

どの衣類にも「液体洗剤」しか使わない

洗濯洗剤は「液体洗剤」「粉末洗剤」に大きく分けられる。最近は液体洗剤が売場の主力商品になっており、種類も豊富なので、こちらのタイプばかりを使っている人も少なくない。

普段、衣類があまり汚れない場合は、いつも液体洗剤でかまわない。しかし、家族に皮脂の多い中高生や、食べこぼしをする子どもがいる場合などは、粉末洗剤を使うようにしたい。ほとんどの液体洗剤は中性だが、粉末洗剤は弱アルカリ性。皮脂をはじめ、汚れの多くは酸性なので、粉末洗剤のほうが汚れ落ちがいいのだ。

ただし、洗浄力が強いと、衣類にかかる負担が大きい。カラフルなシャツやデリケートな衣類には、粉末洗剤は使わないほうが無難だ。

正解　汚れた衣類には、洗浄力の強い「粉末洗剤」を

NG!

雪道 「チェーン」よりも、「スタッドレスタイヤ」派

冬の雪道をクルマで走るには、「チェーン」を巻くか、「スタッドレスタイヤ」を装着しなければならない。チェーンを巻くのは面倒だからと、スタッドレスタイヤしか使わない人も多いだろう。

通常の雪道走行なら、わざわざチェーンを巻かなくても、スタッドレスタイヤで楽に走ることができる。高速道路で「チェーン規制」がされている場合でも、スタッドレスタイヤで問題ないケースは多い。

しかし、ときには高速道路で「チェーン装着車以外通行止め」に出くわすことがある。こうした場合、チェーンを持っていないとお手上げだ。スタッドレスタイヤは、すべての雪道を走れるわけではないので、必ずチェーンをクルマにのせておこう。

正解 「チェーン装着車以外通行止め」規制の場合はお手上げ

損してしまう選択

電気代やガス代、ガソリン代などは、
できるだけ抑えたいもの。
しかし、AかBか、それともCか。
日々のよくある選択を間違えて、
けっこう、お金を損しているかも…。

NG!

ガソリン

切りのいい「満タン」にする

ガソリンを給油する場合、あまり細かいことを考えないで、いつも「満タン」にする人は多い。中途半端な入れ方はしたくないのだろうが、燃費の面から考えると、そのチョイスの仕方はベストとはいえない。

基本的に、重量が重くなるほど、燃費は悪化していく。ガソリンタンクが60ℓの場合、満タンにすると約45kgの重さが加わることになる。これに対して、「半分給油」を心がけた場合、「満タン」のときよりも約22・5kg軽くて済む。

この重量の差は、小学校低学年の子どもを1人乗せているのとほぼ同じ。毎日の通勤などで使う機会が多い場合は、決してバカにはできない節約になるはずだ。給油の手間は増えるが、半分給油をおすすめする。

正解 「半分給油」を心がけて、車体重量を軽くする

NG!

乾電池

ガスコンロの着火に「マンガン乾電池」を使う

普段よく使われる乾電池には、「アルカリ」「マンガン」の2タイプがある。価格が安いのは後者。そこで、使うならマンガン乾電池に限る、と決めている人も多そうだ。

しかし、ガスコンロの着火用など、機器によってはかなり損をすることになる。

アルカリ乾電池の特徴は、パワーがあって長持ちすること。デジカメやミュージックプレイヤー、ラジコンカー、強力なライトなど、大きな電流を使う機器に向いている。一方、マンガン乾電池の場合、休み休み使うと電圧が回復するので、時計やリモコンなど、小さな電流をときどき使う機器に最適だ。

両者の特徴から、着火時に大きな電流が必要なガスコンロには、アルカリ乾電池を使うのがベスト。マンガン乾電池でも着火はできるが、消耗が早くて長持ちしない。

正解

長持ちしないので、「アルカリ乾電池」をチョイス

NG!

車のシフト

安定走行できる「D」を常にチョイス

いまは乗用車の大半がオートマチック車。一般的に、「P（パーキング）」「R（リバース）」「N（ニュートラル）」「D（ドライブ）」「2またはS（セカンド）」「1またはL（ロー）」といったシフトレバーがある。

車を前進させるときに主に使うシフトレバーは、もちろん「D」だ。走らせている間、常にこの状態を保っている人は多いだろう。しかし、運転中に「D」しか使わないと、場合によっては、かなり損をすることになりかねない。

シフトレバーを「D」から別のギアに変えたほうがいいのは、下り坂にさしかかったとき。「2」や「S」にギアチェンジして、踏んでいたアクセルを緩めると、自動的にエンジンブレーキがかかる。わざわざフットブレーキを踏まなくても、スピードが抑えられるという仕組みだ。

じつは、このエンジンブレーキがかかった状態では、ガソリンはほとんど消費されないで済む。しかも、エンジンブレーキがよくきいていると、減速するためにフットブレーキを使う必要がない。フットブレーキで減速すると、意外なほどガソリンを使うのだが、この消費分がゼロになるわけだ。

こうした仕組みから、坂を下るときに「2」や「S」に変えると、「D」を維持する場合よりも、ガソリン消費量は約10分の1に抑えられる。ここまで節約できるのだから、「2」や「S」を上手に使わない手はない。

正解 下り坂では「2」にすると燃費が10倍アップ！

NG!

風呂の沸かし方

毎回、「給湯」でイチから湯をためる

風呂の沸かし方には、イチから湯をためる「給湯」と、いったん冷めた湯をもう一度温かくする「追い炊き」がある。どちらのやり方が〝得〟なのか？ 風呂は毎日使うものだから、積み重なれば大きな金額になってしまう。ここは考えどころだ。

「給湯」をチョイスしている人のなかには、「こっちのほうがガス代が安いから」と言う人がいそうだ。確かに、「給湯」で湯をためると、「追い炊き」機能を使った場合よりも、1回あたり10円ほどガス代の節約になる。

しかし、風呂を沸かすには水道代も必要。水を張り替える「給湯」と、前日の湯を温める「追い炊き」を比べると、どっちが得か？ 浴槽200ℓ分の水道代は40～50円程度。ガス代の差額よりも大きく、トータルでは「追い炊き」のほうが節約になる。

正解 **残り湯を利用し、「追い炊き」で沸かすとお得**

NG!

風呂の残り湯

汚れているから、洗濯には使わない

風呂の残り湯を捨てるのはもったいないが、汚れているので、洗濯には使いたくない。こういう考え方もあるかもしれない。だが、水道水を節約できるのはもちろん、それ以外の面でもメリットがあるので、使わない手はない。

衣類の主な汚れである皮脂類は、水よりも湯のほうが落ちやすい。加えて、洗濯洗剤に入っている酵素類は、30℃以上のぬるま湯で活性化するので、残り湯を使うと汚れが一層落ちやすくなる。ただし、縮みや色落ちもしやすくなるので、繊細な衣類の選択には使わないのが無難だ。

再利用する場合は、体を洗ってから風呂に浸かる、表面に浮いたゴミや皮脂はすくって取り除く、といったことに注意しよう。

正解

経済面でも、汚れの落ちやすさの点でも、使うべし

NG!

ガスコンロ

少し沸かすときは「小さな鍋」を使う

湯を沸かす場合、やかんではなく、鍋を使うこともある。例えば、スパゲティをゆでるときは、大きな鍋にたっぷりの湯を沸かす。では、湯が少しほしい場合、どのように沸かすのが正解だろうか。

大量の湯が必要でないときには、何となく、小さめの鍋を使うことが多いのではないか。しかし、効率を考えるなら、少量の湯でも大きめの鍋で沸かすのがいい。鍋底が火に接する面積が大きいほど、鍋にためた水は速く温度が上がっていくからだ。直径24㎝の鍋底の鍋で湯を沸かすと、同16㎝の鍋底の鍋を使うよりも、水が沸騰するまでのガス代は3分の2程度で済む。これは、決して無視できない差だ。

なお、鍋で湯や汁を沸かす場合は、必ずフタをしておくことを忘れずに。

正解

「大きな鍋」で沸かすほうが効率的

NG!

ガスコンロ

やかんの水滴をつけたまま火にかける

洗ったばかりのやかんで湯を沸かすとき、次にあげる行動のどちらを選ぶだろうか？　①やかんに水滴がついたままの状態で火にかける。②水滴をちゃんと拭き取ってから火にかける。

正しい選択は②。水滴を拭き取ったほうが、効率良く湯を沸かせる。①を選んだ人は、次から間違ったチョイスをしないようにしよう。

やかんや鍋に水滴がついていると、その水分を蒸発させるために、本来はいらない余分な熱エネルギーが必要となる。このため、水滴を拭き取った場合と比べると、沸騰するまでの時間が少しだけ長くなってしまうのだ。小さなことではあるが、省エネは日々の積み重ね。間違いな選択のないように心がけよう。

正解　水滴は拭き取って火にかけると省エネに

NG!

グリル

魚を焼くとき以外はまったく使わない

ガスコンロのグリルは、魚を焼くためだけにある。こんな残念なカン違いをしている人はいないだろうか。家庭の調理器具のなかで、最も速く高温に達するのがグリル。さまざまな料理に使え、時短になって、経済的にもお得なのだ。

例えば、トーストは水分が蒸発しないまま、一気に熱せられるので、パリッとした焼き上がりになる。肉を焼けば、余分な脂が落ちていき、その味わいはまるでバーベキューのよう。温め直しにもパワーを発揮。天ぷらやフライを電子レンジでチンすると、ベチャッとなるが、グリルなら揚げたてのようにカリカリに温まる。

グリルで焼くと、魚の匂いがつきそうで……。こう思うかもしれないが、焼き上がってすぐに出せば、匂いがつくことはない。安心して使ってみよう。

正解 **特性を活かして、さまざまな料理に使うべき**

NG!

炊飯器

朝炊いて、残りは保温して夕食で食べる

ご飯は炊きたてが一番おいしいのは当たり前。しかし、一人暮らしや共働きなどでは、朝、多めに炊いて、朝食の残りを夕食で食べるケースも多いはず。こうした場合、残ったご飯をどう扱うのがベストなのか、経済的な面から見てみよう。

まず考えられるのは、炊飯器で晩まで保温しておくこと。とても手軽なので、この方法をチョイスしている人は多いだろう。もうひとつは、残ったご飯をラップで包み、冷凍しておき、電子レンジでチンして食べる方法だ。

正解は、冷凍しておくこと。炊飯器で保温し続ける際よりも、チンするときの消費電力量のほうが小さいからだ。なお、朝炊いて残りを保温するよりも、朝晩2回炊くほうが電気代は安い。手間をかけられるのであれば、毎回炊くのがおすすめだ。

正解 朝炊いて、残りは冷凍して夕食でチンする

NG!

めんつゆ

3倍濃縮よりも、ストレートタイプに限る

そうめんに欠かせない便利な商品がめんつゆ。そのまま使う「ストレート」のほか、薄めて食べる「2倍濃縮」「3倍濃縮」タイプなどがある。

風味やまろやかさについては、より高級品であるストレートがやや優れている。しかし、経済的にどれが得かといえば、考えるまでもない。ストレートよりも2倍濃縮が、それよりも3倍濃縮が間違いなく得だ。

「日持ち」の点でも、ストレートは分が悪い。メーカーは開封後、3日以内の使用を呼びかけているが、なかなか使い切れないだろう。一方、2倍濃縮は開封後1～2週間、3倍濃縮であればそれ以上、品質をキープできる。さらに、味が濃いことから、調味料としても使いやすい。結論として、3倍濃縮をチョイスするのがおすすめだ。

正解　経済性も使い勝手も「3倍濃縮」に軍配

NG!

買い物

重いものを持ちたくないので「カート」を使う

スーパーでは店内に入ってすぐ、ある選択をしなければならない。「ショッピングカート」を押すか、「カゴ」を手にさげるか。このシンプルな二択だ。

米やビールケース、一升瓶など、重たいものを買うことがわかっているのなら、もちろん、カートを使うのがいいだろう。しかし、そうではなく、店内を歩きながら買う商品を決める場合、カートを選択すると、深く後悔することになりかねない。

カートを押していると、「特売品」のコーナーに引きつけられたり、「タイムセール」の声に呼び寄せられたり、いらないものまで買ってしまいがち。一方、カゴを持っている場合、重たいものは極力持ちたくないから、必要以上のものを買わずに済む。

特に、安売りなどの誘惑に弱い人は、カゴをチョイスするのが賢明だ。

正解

いらないものまで買わないように「カゴ」を持つ

NG!

こたつ

「こたつ布団」だけをかけて使う

寒い冬、下半身をぽかぽか温めてくれるこたつ。エアコンとはまた違う暖房効果を求めて、愛用している人は多い。ただし、こたつ布団だけをかけて使うというのは、チョイスの仕方が良くない。電気代が相当無駄になってしまうので、別の組み合わせを選ぶべきだ。

こたつ布団はけっこう厚手ではあるが、これだけでは高い保温効果は望めない。熱が少しずつ逃げていくので、電力が余分に必要になってしまうのだ。

しっかりした省エネのためには、基本となるこたつ布団に加えて、あと3アイテムをぜひ揃えたい。必ずほしいのは、こたつ布団の上にかける上掛け。この1枚をかぶせておくだけで、熱を外に向けてあまり逃がさなくなる。加えて、こたつに出入りする際、すき間風が入ってくることも少なくなるという、一石二鳥の必須アイテムだ。

こたつの下には、敷布団を敷くようにしたい。フローリングの部屋に設置するならもちろん、和室の畳の上で使う場合でも、敷布団を敷くと、床から立ち昇ってくる冷気を抑えることができる。

3つ目のアイテムは、アルミシートなどの断熱材を使ったマット。床と敷布団の間に挟んでおくと、こたつ内の温度が下がることを一層防げる。

こたつの上には、こたつ布団と上掛け、下には敷布団と断熱マット。この組み合わせを忘れないようにしよう。

正解 「上掛け」「敷布団」「マット」併用で、より温かく

NG!

こたつ

設定温度は常に「強」をキープ

こたつの設定温度を変えるには、こたつ布団をめくり、手をなかにやや深く伸ばして行う必要がある。少し面倒なこともあって、最初に設定した「強」のまま、ずっと使うケースは少なくないだろう。しかし、このやり方では当然、電力を必要以上に使っている状態が続き、省エネにはつながらない。

こたつの内部が温まってきたら、選ぶべき設定温度は「強」ではなく、「中」または「弱」。こたつは設定温度まで温まったら、ヒーターが自動的に切れる仕組みになっている。こまめに設定を変更するだけで、電気使用量を年間で1000円以上抑えられるというから、ぜひ心がけてみよう。ほかの暖房器具と併用している場合は、こたつだけではなく、それぞれの器具の設定温度も調整するのがいいだろう。

正解 **温まったら、「中」以下にして節電**

NG!

電気カーペット

フローリングの上にそのまま敷く

暖房器具のなかでも、手軽に使えるイメージのある電気カーペット。とはいえ、じつは消費電力は大きく、やや似た使い方もされる電気毛布の約6倍、こたつと比べても約2倍の電気代がかかってしまう。使い方に十分注意が必要だ。

電気カーペットが使われる部屋は、フローリングのリビングが多いだろう。注意すべきなのは、そのまま敷くのは避けること。フローリングは冬、相当冷たくなるので、設定温度まで温めるのにフルパワーが必要となる。

電気カーペットの下には、断熱材を使ったマットを必ず敷くようにしたい。こうすると、直接敷くやり方と比べて、消費電力が約10％小さくなる。加えて、設定温度を「強」ではなく、「中」「弱」を選択すれば、一層の節電効果が得られる。

正解 **熱が逃げないように、断熱マットの上に敷く**

NG!

床暖房

部屋を出る直前に電源をオフにする

足元からじわっと温まる床暖房は、寒い冬の強い味方。日頃の使い方として、運転スイッチを切るのは、部屋を出る直前という人が多いのではないか。しかし、ガス温水式床暖房の場合、そのやり方ではガス代がもったいない。

ガス火による温水を床下で循環させ、その熱によって温めるのがガス温水式床暖房。運転スイッチを入れてからの立ち上がりが早く、低温やけどの心配がない、といったメリットがある。

もう1つの特徴が、スイッチを切ってからも、30分程度は温かさをキープする点だ。この特徴を節約に活かさない手はない。ガス温水式床暖房の場合、運転スイッチを切るのは「部屋を出る直前」ではなく、「部屋を出る30分前」が正解だ。

正解 余熱が続くので、部屋を出る30分前にオフにする

NG!

冷蔵庫

よく冷やしたいので、設定温度は年中「強」

家電製品のなかでも、消費電力量が格別多いのが冷蔵庫。エアコンの2倍ほども電力を使うので、できるだけ省エネに励みたい。年中、設定を「強」にしている人もいるだろうが、それでは必要以上の電気代を払うことになる。「強」ではなく「中」を、さらに「弱」の設定を選択すると、当然ながら電気代を節約することができる。

具体的には、気温の高い夏は「強」か「中」を選び、室温の下がる冬は「中」か「弱」に変更するといい。霜取り機能のない旧型の場合、季節による設定温度の選択の仕方が異なるので、取り扱い説明書を見てほしい。

冷蔵庫で節電するには、ドアの開閉はできるだけ少なくすること、庫内に食品を詰め込み過ぎないことなども大事。設定温度のチョイスと併せて心がけよう。

正解 **冬は省エネのため、「中」か「弱」に設定変更**

NG!

電気ポット

湯を沸かしたら、そのまま保温する

「電気ポット」はとても便利な家電製品。水を入れたら、プラグをつなぐだけで湯を沸かせ、そのまま保温もできる。では、いつでも熱い湯を使えるように、1日中、保温しているとどうなるか？

もちろん、そんなことをしたら、相当な電気代がかかってしまう。1日のうちに湯を数回沸かして保温した場合と、使うたびに湯を沸かした場合を比べると、電気代は月に200円以上、年間では2500円余り違ってくる。一度沸騰させて、必要な分だけ使ったら、プラグを抜いておくようにしよう。

もっと光熱費の節約になるのは、ガスコンロを使うことだ。必要となる光熱費について、電気ポットを使う場合と比べると、6分の1程度まで節約できる。

正解

保温はしないで、使うたびに湯を沸かす

ほとんど無駄な選択

肌をスベスベにするために、
コラーゲンたっぷり食品を買う。
痛風になるのが怖いから、
プリン体ゼロの発泡酒を選ぶ。
そんな無駄なこと、いつまで続ける？

NG!

コラーゲン食品

肌をツルツルにしたいので、よく食べる

肌をプルプル、スベスベにする効果があるということで、特に女性が注目しているコラーゲン。鶏の皮や牛スジ、豚足、ウナギ、エイヒレなどに多く含まれており、サプリメントやコラーゲン入り食品も多く出回っている。

美容と健康のために、こうした食品を意識して食べている人は多いだろう。しかし、残念ながら、すぐにその効果があがって、肌が美しくなるというわけではない。

コラーゲンはたんぱく質の一種。人間の体を構成するたんぱく質の約30%を占め、その約40%が皮膚のなかにある。このことから、コラーゲンを摂取すると、肌の美容につながるのではないか、という考え方が出てきたわけだ。

だが、食事などでとったコラーゲンは、そのまま体内でコラーゲンとして使われはしない。消化吸収のメカニズムにより、肉や魚、大豆などに含まれるたんぱく質と同じく、消化器官でいったんアミノ酸に分解されてから吸収されるからだ。

分解・吸収されたアミノ酸は、体内でもう一度たんぱく質に合成し直される。けれども、再びコラーゲンに戻るかどうかは、科学的に証明されていない。食べても完全に無駄とはいえないが、コラーゲンをストレートに増やせるわけではないのだ。

分解・吸収され切らなかったコラーゲンの破片（ペプチド）は、体内でのコラーゲンの増殖に関係しているのではないか、ともいわれている。ただし、これもまだ研究段階で、明らかにはなっていない。

正解 体内で直接、コラーゲンにはならない…

NG!

ビール系飲料

痛風予防に、「プリン体ゼロ」をチョイス

毎年のように、新しい商品が登場するビールや発泡酒、第三のビール。かつては味や製法で差別化を図ろうとしていたが、最近は「糖質ゼロ」に代表されるように、ヘルシーなイメージの新商品が増えてきた。

そうしたなか、個性がひと際強いのが、「プリン体ゼロ」をキャッチフレーズにするアイテム。健康に気をつかいつつ、それでもアルコール類を飲みたい人に対して、なかなか強い訴求力があるようだ。

プリン体とは、長年とり過ぎると、生活習慣病の「痛風」を引き起こしてしまう物質。アルコール類のなかでは、ビール類に含まれることがよく知られていることから、「プリン体ゼロ」の商品が世に出たわけだ。

では、普段飲むビールや発泡酒を「プリン体ゼロ」のタイプに変えると、痛風予防の効果があるのだろうか。「ビールにはプリン体が多い」というイメージがあること

から、かなり効果があるような気がするかもしれない。しかし、これだけで痛風を防げはしない。

確かに、ビール系飲料にはプリン体が含まれているが、それほどたいした量ではなく、350mℓ入りの缶ビール1本に12〜24mg程度。これに対して、普段から口にするごく普通の食材のほうが、ずっとプリン体を含んでいる。

100gのレバー類には220〜320mg、カツオには312mg、鶏もも肉には123mgといった具合に、ビール系飲料よりもひと桁多いのだ。痛風予防のためには、こうした食品を食べ過ぎないほうが、ずっと効果的だろう。

しかも、じつはプリン体はうま味成分。「プリン体ゼロ」のビール系飲料は、当然ながら味が落ちているので、香料や酸味料などの食品添加物を多く使って、味を補っている。痛風予防の面でも、味わいからいっても、オーソドックスなビールや発泡酒がおすすめだ。

正解　意味はないので、チョイスの必要なし

NG!

キャベツ

「2分の1カット」を選んで買う

せん切りを料理に添えたり、野菜炒めにしたり、お好み焼きに使ったりと、使い勝手の良いキャベツ。とはいえ、なかなか使い切れず、保存しているうちに傷むからと、半分にカットしたものを選んで買ってはいないだろうか。

キャベツは切ったところから酸化し、黒ずんでくる。カットしたものは、使うときにその部分を取り除く必要があるので、かなりの量を無駄にしてしまう。一方、まるごと1個買った場合、外側から葉をはがして使うようにすると、なかなか傷まない。結局、カットしたものよりもロスが少なくなる。

ただし、まるごと買った場合は、保存方法に注意。芯を取り除き、濡れた新聞紙で包み、ポリ袋に入れてから、冷蔵庫の野菜室で保存しよう。

正解 傷みにくい「まるごと1個」のほうが得

NG!

卵

「有精卵」はおいしいし、栄養価も高い

一般的な卵売場で売られているのは、ほとんどすべてが「無精卵」。これに対して、自然食品の店などでは、「有精卵」が販売されていることもある。自然交配可能な環境下で、メス100羽に対して、オス5羽以上の割合で飼育し、採卵されたものだ。生産性が低いので、当然、価格はかなり高くなる。

温めたらヒヨコが生まれるのだから、ちょっと特別なイメージがあり、栄養もあるに違いないと、わざわざ選んで買う人もいるだろう。けれども、残念ながら、味や栄養の面で無精卵との違いはほとんどないとされている。

それでも有精卵を選びたいという人は、買ったらすぐに冷蔵庫に入れるのを忘れずに。20℃以上の常温で保存した場合、細胞分裂が進んで、どんどん劣化してしまう。

正解 **普通の「無精卵」と味や栄養はほぼ同じ**

NG!

ジャガイモ

カロリーが高くて太るから食べない

ジャガイモはカロリーが高いから、めったに食べない。こう決めている人は、大きなカン違いをしている。いも類には太りやすいイメージがあるかもしれないが、ジャガイモはそうでもないのだ。

ご飯100g当たりのエネルギーは168㎉だが、同じ量のジャガイモは半分以下の76㎉しかなく、意外にも低カロリー食品といっていい。しかも、糖質の代謝を良くするビタミンB群が多いので、肥満防止も期待できる。

ジャガイモは、フライドポテトやじゃがバターのように、油やバターと相性が良いため、カロリーが高いと誤解されているのかもしれない。油をあまり使わないジャガイモ料理はたくさんあるので、いろいろなメニューで食べてみよう。

正解 低カロリーなので積極的に食べてOK

NG!

冷蔵庫

停電したら、食品を急いでクーラーボックスに

雷や強風、地震などで停電になったとき、非常に困るのが冷蔵庫。冷気が回らなくなるので、なかの食材が傷まないか……と心配になってしまう。

こうした場合、どうしたらいいのか。考えられる選択肢のひとつが、冷蔵庫から急いで食品を取り出し、保冷剤を入れたクーラーボックスに移すことだ。適切で素早い対応のように思えるかもしれないが、やめておいたほうがいい。

停電しても、ドアの開閉がまったくなければ、冷蔵庫は2~3時間程度、なかの冷気を維持することができる。この間、電気が回復するのを祈り、中身を取り出さないで待つのがいちばんだ。停電が長引けば、冷蔵庫内の霜などが溶けて、水が流れ出てくることがあるので、床に雑巾などを敷いておこう。

正解 2~3時間は冷気を保てるので、ドアは開けない!

NG!

掃除機

どの部屋も「強」の設定でかける

掃除機の吸引力は、「強」「弱」の設定によって変えられる。とはいえ、どの部屋も「強」のモードにしたほうが、よりキレイになるような気がして、「弱」は使っていないという人もいそうだ。

しかし、フローリングや畳の和室を掃除するとき、設定を「強」のままでかけるのは無駄。こういった場所では、ほこりはただ床に落ちているだけなので、吸い取るのに強いパワーは必要としない。「弱」のモードでも、「強」と大差なく、ほこりを吸い取ることができるのだ。

吸引力を「強」にするのは、カーペットの上を掃除するとき。ほこりが繊維のなかに入り込んでいるので、吸い取るのに強い力を必要とする。

正解　フローリングや畳の上は「弱」で十分

NG!

抗生物質

かぜのとき、病院で処方を希望する

かぜをひいて病院を受診したとき、早く治したいと思って、「抗生物質をください」と医師に願い出る人がいる。これはほとんどの場合、まったく無駄なだけでなく、デメリットも大きい。

ほとんどのかぜは、ウイルス感染が原因で発症する。ところが、誤解している人が少なくないようだが、抗生物質は細菌を殺すもので、ウイルスにはまるで効かない。処方してもらっても意味はないのだ。

しかも、抗生物質は悪い菌だけではなく、有用な働きをする腸内細菌も殺すため、下痢などの副作用がある。加えて、細菌が抗生物質に負けまいと、強くなろうとする「耐性化」も大きな問題。万一、医師からすすめられても、断るようにしよう。

正解

ウイルスには効かないので希望しない

NG!

高速道路

渋滞時、「下道の一般道」に逃げる

高速道路が渋滞してイライラしたとき、下を走る一般道のほうが速いに違いないと、途中のインターチェンジで下りたことはないだろうか。しかし、多くの場合、この果敢なチョイスは失敗するので、やめておくべきだ。

高速道路が渋滞しているとき、並走して走っている一般道路も、9割方は混んでいる。しかも、一般道路には信号待ちという、大きなロスタイムがある。高速道路はたとえ遅くても、ゆるゆる動いているので、結果的に速く目的地に着くことが多いのだ。ただし、事故による渋滞や、20㎞以上も渋滞が長く続いている場合などは、一般道路のほうが速く移動できる可能性がある。どういう渋滞なのか、状況をよく見て、臨機応変に対応するのがいいだろう。

正解 **下道も混んでいるはず。そのまま走行**

台無しになる選択

モヤシを保存する場所は、
野菜室でいいのか？
パスタは熱湯でゆでるのが正解か？
誤ったチョイスをすれば、
あれもこれも、みな台無しだ！

NG!

モヤシ もちろん、「野菜室」での保存を選択

野菜のなかでも、あっという間に劣化して、傷みやすいのがモヤシ。冷蔵庫に入れておくのを忘れたら、翌日にはもう変色し、酸っぱい匂いがするようになる。だから、買ってきたら、すぐに野菜室に入れておくのが常識。こう思っている人は、わざわざ、モヤシの消費期限を短くしているようなものだ。

モヤシを劣化させないコツは、できるだけ0℃に近い環境下に置き、成長を止めて、冬眠中のような状態にすることだ。冷蔵庫で最も温度の高い野菜室は、モヤシにとって、決して条件のいい保存場所ではない。

冷蔵庫のなかで、モヤシの保存に最も適しているのは、設定温度が0℃付近のチルド室。肉や魚だけを保存する場所ではないことを覚えておこう。

正解 より温度の低い「チルド室」がベスト

NG!

パスタ

ぐらぐら沸騰した熱湯でゆでる

パスタはゆで加減が命だ。芯がわずかに残る「アルデンテ」を目指し、たっぷりの湯に塩を加えてパスタを投入。ぐらぐら揺れる熱湯でしっかりゆでて、ソースを絡めて皿に盛る。さあ、食べてみると……あれ、何だか食感が悪いのはなぜだろう？

この手順を見ると、失敗した原因は明らか。吹きこぼれる直前ほどの熱湯でゆでると、パスタの表面が溶けて、ベタベタした感じに仕上がってしまう。沸騰した湯にパスタを入れたら、湯のなかでゆらゆら揺れる程度の温度をキープするのが鉄則だ。

また、吹きこぼれそうになっても、「差し水」をしてはいけない。温度がいったん急激に下がることにより、ゆで時間が変わってくる。温度が下がった分、長めにゆでると、やはりパスタの表面が溶けて食感が悪くなってしまう。

正解　表面が溶けないように、ゆらゆら揺れる熱湯で

NG!

砂糖

固まらないように、「乾燥剤」を入れておく

容器のなかの砂糖がガチガチに固まって、使いづらくなったことはないだろうか。特に固まりやすいのは、一般的に使われている上白糖だ。こうしたとき、もとの状態に戻そうと、容器に乾燥剤を入れるのは厳禁。軟らかくなるどころか、事態をより悪化させてしまうことになる。

砂糖の結晶は元々、固まりやすいという性質を持つ。このため、上白糖は製造の仕上げとして、精製した砂糖の結晶に、ブドウ糖と果糖から作った糖液を振りかけている。砂糖の表面がコーティングされることにより、結晶同士がくっつかず、固まりにくくなるわけだ。

砂糖が固まるのは、この糖液に含まれる水分が蒸発していくことから起こる。水分が減ると、溶けていた糖分が小さな結晶として出現。これが砂糖の結晶同士をくっつける連結剤の役割を果たし、だんだん固まってガチガチになっていく。

固まった原因は、砂糖の表面が乾いたことだから、容器に乾燥剤を入れて、さらに乾燥させようとするのは最悪な対応策だ。では、どのようにしたら、もとの使いやすい状態に戻せるのか。

砂糖がガチガチに固まっても、別に焦ることはない。割合簡単にもとの状態に戻せるので大丈夫だ。原因は糖液が乾燥したことだから、これに水分を加えてあげればいい。固まった砂糖を密閉できる容器に移し、霧吹きで水を軽く吹きかけ、しっかりフタをして数時間置く。こうするだけで、もとのサラサラの状態を復活させることができる。

もうひとつの方法が、ちぎった食パンを砂糖容器のなかに入れること。こうしてひと晩置くと、砂糖が食パンの水分を吸って軟らかくなる。さらに手軽なのが、砂糖の入った容器を冷凍庫に入れて、2時間ほど冷やすやり方。取り出してフタを開けておくと、空気中の水分を吸い込んでサラサラになる。

正解 固まる原因は乾燥！「水分」を加えてもとの状態に

NG!

肉

トレイのまま冷凍する

冷凍肉の料理がまずい場合、食材にからむ原因は主にふたつ。ひとつは解凍の仕方が悪かったこと。もうひとつが、正しい冷凍のやり方を選択していなかったことだ。

多くの場合、肉は発泡スチロールのトレイに入ったものを買うだろう。それをそのまま冷凍庫に入れたら、どうなるか。発泡スチロールは高性能の断熱材なので、肉が凍るまでに時間がかかる。ゆっくり凍っていくうちに、肉の細胞が壊れていき、解凍時にドリップが出やすくなってしまうのだ。

肉にせよ魚にせよ、トレイに入れたまま冷凍するのは厳禁。キッチンラップでギュッと包み、フリーザーバッグなどで密閉したうえで、金属製のトレイにのせて冷凍するようにしよう。

正解

凍りにくい。ラップで包んで冷凍する

NG!

米

取り出しやすい「シンク下」で保存する

米を1袋購入すると、1週間や2週間ではなかなか食べ切れない。どこかで保存しておくことになるが、キッチンのシンク下はNGだ。ご飯を炊くときに取り出しやすくて便利だが、湿度が高いので米が次第に劣化してしまう。

米は高温多湿が苦手。保存場所の選び方を間違えると、カビが生えたり、虫が発生したり、イヤなトラブルにつながってしまう。保存に適しているのは、涼しくて風通しが良いところだが、最近の家やマンションにはそういう場所はあまりない。

そこで、活用したいのが冷蔵庫の野菜室だ。米袋は一度開けると密閉できないので、ペットボトルに移し替えるのがおすすめだ。少々手間はかかるが、この方法で野菜室に入れておくと、米の劣化をかなり防ぐことができる。

正解 湿気が多いので、「野菜室」で保存する

NG!

ゴボウ

あくを抜くため、水にしっかり浸ける

ゴボウは食物繊維をたっぷり含むヘルシーな野菜。包丁でささがきにしたら、水にしっかり浸けて、あくを完全に抜いてから、実際の調理にかかる……。こんな下ごしらえをしていたら、せっかくの栄養素を無駄に流してしまうことになる。

ゴボウの「あく抜き」は、実際にはあくを抜くためではなく、料理の色が悪くならないようにするために行う。水が茶色になるのは、あくや汚れではなく、抗酸化作用のある健康成分、ポリフェノールが溶け出すからだ。

長い時間、水に浸ければ浸けるほど、ゴボウからポリフェノールは失われていく。水の色が少し変われば、それで十分。もっといえば、料理の色を気にしないのなら、このあく抜きはしなくてもかまわない。

正解 栄養素が溶け出すので、ごく短時間だけ浸ける

NG!

玉ネギ

辛さをなくすため、水によくさらして食べる

玉ネギは生のままだと、辛くて食べにくいので、薄切りにしたら水にさらすことが多い。このとき、辛いのは嫌いだからと、長時間、水にさらす人がいるかもしれない。しかし、それでは、玉ネギならではの有効成分がどんどん失われてしまう。

玉ネギを切って細胞を壊すと、細胞内から流れ出る酵素とアミノ酸が化学反応を起こし、辛み成分を作る。それを室温で15分以上放置すると、血液をサラサラにする成分へと姿を変える。

ところが、薄切りにした玉ネギを水にさらすと、この有効成分が水に溶け出してしまう。健康のことを考えて、できるだけさらす時間を短くするようにしよう。新玉ネギの場合、あまり辛くないので、さらさなくてもいいかもしれない。

正解 **血液サラサラ成分も流出。少ししかさらさない**

NG!

高級茶

「熱湯」でさっといれる

店の人にすすめられ、値段の張る玉露《ぎょくろ》を買ったのに、家でいれてみたらあまりおいしくなかった……。こうした場合、店の人を恨むのは筋違い。おそらく、誤ったお茶のいれ方をして、せっかくの高級茶の味と香りを引き出せなかったのに違いない。

玉露に代表される高級茶と、一般的なお茶の値段の差は、茶葉に含まれる成分の質と量の違いからきている。高級茶に多いのが「テアニン」というお茶特有のアミノ酸。そのうま味や甘みが、高級茶ならではの深い味わいを作り出す。

テアニンは一番茶の若い芽に多く含まれる貴重な物質。しかし、茶葉が日光に当たると、渋みのもとであるポリフェノールの一種「カテキン」に変化する。このため、高級茶の茶畑では日光を当てないように、わざわざ被覆《ひふく》して栽培しているほどだ。テアニンはそれほど重要な成分で、高級茶の〝肝〟といっていい。

高級茶をおいしくいれられるかどうかも、このテアニンをいかにうまく抽出できるかにかかっている。普通の煎茶なら90℃以上の熱湯、上級煎茶は80℃程度の熱い湯を加え、さっと30秒程度蒸らしてから注ぐ。普段、こうしたいれ方ばかりしており、高級茶でも同じようにすると、テアニンをうまく引き出すことができず、高いお金を払う価値のないお茶が注がれることになる。

高級茶の場合、40～60℃のぬるめの湯を加え、2分ほどじっくり蒸らすのが正解。こうすると、テアニンが湯のなかにじわじわ抽出され、高級茶本来の味わいになる。

正解 「低温」でじっくり蒸らさないと、高級茶が台無し

NG!

ピーマン

輪になってカワイイので、「ヨコ」に切る

ピーマンの切り方には2通りの方法がある。「タテ」に細長く切るか、「ヨコ」に切って丸くするかだ。ヨコに切ると、何となくかわいく見えるので、いつもこう切るという人もいるだろう。しかし、料理の見た目ではなく、栄養の点から考えると、ヨコに切るのは極力やめたほうがいい。

ピーマンの繊維はタテに伸びている。このため、ヨコに切ると、繊維を断ち切ることになり、栄養が流出しやすくなるのだ。これに対して、繊維に沿ってタテに切ると、あまり栄養が流れ出ないで済む。

ただし、ヨコに切ると、食感が軟らかくなるという利点もある。サラダで生食する場合は、この切り方をチョイスするのがいいだろう。

正解

栄養が流出するので、「タテ」に切るのが基本

NG!

フグ刺し

「菊盛り」を崩さないように「外側」から食べる

丸い大皿のなかで、大輪の菊の花が美しく咲いたように見えるフグ刺し。日本料理の盛りつけの神髄ともいえる「菊盛り」は、舌だけではなく、目でもおいしく味わえる極上の料理だ。

しかし、この「菊盛り」はどうやって食べ進めたらいいのだろう。あまりにも見事に盛りつけられているため、戸惑ってしまうかもしれない。箸の最初のつけ方としては、外側か中央部分かの二者択一。中央部分はより複雑に重なり合っているので、その形を崩さないように、外側から食べたくなる。だが、それはマナー違反だ。

フグ刺しの菊盛りは、最後に盛られた内側から食べるのが流儀。こうすると、美しい盛りつけを崩すことなく、きれいに食べ進めることができる。

正解 **逆に崩れるので、「中央」から食べ進める**

NG!

スポーツバイク

カッコいい「ロードバイク」で通勤する

スポーティな自転車で、気持ち良く、カッコ良く通勤したい場合、「ロードバイク」「クロスバイク」の2タイプから選ぶのが基本となる。

よりスポーティなロードバイクで颯爽《さっそう》と通勤してみたい、と思う人は多いかもしれない。ロードバイクは競技用に開発された自転車で、安定した舗装路では最もスピードが出る。場合によっては、電車通勤よりも早く会社に着くかもしれない。

ひと目でわかる特徴は、ドロップハンドルになっていること。前傾のポジションで空気抵抗を小さくし、高速走行を可能にするわけだ。タイヤも路面との抵抗を抑えるため、いわゆるママチャリと比べるとずっと細い。軽量なのも大きな特徴で、スピードを出しやすいのはもちろん、上り坂や長距離走行にも向いている。

ロードバイクはレースやツーリング、坂を駆け上がるヒルクライムなどには最適だ。しかし、通勤で使われることを想定して作られてはいない。

街中には段差が多いため、タイヤの細いロードバイクはパンクの不安がある。ハンドルの先端に変速&ブレーキレバーがついているのも問題で、駐輪中、隣の自転車のカゴなどが引っかかると壊れてしまう。また、最低でも10万円前後する高価な自転車なので、盗難にもあいやすい。通勤で使うのはやめておいたほうがいいだろう。

通勤用なら、ロードバイクよりも乗りこなしやすく、ぐっと汎用性の高いスポーツバイクであるクロスバイクのほうがいい。

ハンドルがストレートタイプで、極端な前傾姿勢にはならないのが、通勤では大きなメリット。視野を広く保てるので、周りの危険を速く察知することができる。タイヤは太めで安定感があり、パンクもさほど心配しなくていい。スタンドやフロントバスケットを装着するのも、スポーツ走行に徹したロードバイクほど抵抗はないだろう。

クロスバイクなら、ロードバイクよりも安心して、ママチャリよりもずっと早く会社に到着できるはずだ。

正解 通勤なら、街中の走行に適した「クロスバイク」

NG!

キッチンラップ

値段の安いものをチョイス

食材の保存、料理の温め直しなどに欠かせない「キッチンラップ」。売場にはさまざまな商品が並んでいるが、どれも同じようなものだろうと、値段だけをチェックして買ってはいないだろうか。その選び方では、せっかくの機能が台無しだ。

キッチンラップを選ぶ際には、「値段」よりも「材質」を重要視しよう。最も一般的なのは「塩化ビニル樹脂」。伸びやすく、熱にも強いので、レンジでチンするときなどに重宝する。ただし、水分や酸素を通しやすいので、保存用には向いていない。

保存なら「ポリ塩化ビニリデン」がいい。匂いを防ぎ、酸素も通さないので酸化を抑えられる。最も値段が安い「ポリエチレン」は、酸素を通しやすく、料理などの保存には向かないが、カットした果物や野菜用にはぴったりだろう。

正解 材質をチェックし、使い道に合わせてチョイス

NG!

シジミ

「生」のまま、味噌汁などにして食べる

「肝臓に効く食材」として知られるシジミ。その効能は、シジミだけに飛び抜けて豊富に含まれるアミノ酸「オルニチン」によるところが大きい。肝機能向上を期待して、味噌汁などで意識して食べている人も多いことだろう。

もちろん、シジミを普通に調理しても、オルニチンをとり入れることはできる。けれども、調理前にひと工程を加えるだけで、その量が何倍にもなるとしたらどうだろう。これまで損をしていたような気になるのではないか。

じつは、シジミはいったん冷凍するだけで、オルニチンの量が数倍に増える。研究では、マイナス4℃で冷凍した場合、含有量が8倍になったという。これからは買ったら冷凍しておくという、ちょっとしたひと手間をぜひチョイスしよう。

正解

「冷凍」し、オルニチンを数倍に増やしてから食べる

NG!

包丁

刃先を自分に向け、「刃」を持って渡す

包丁を人に渡すときは、どのような持ち方をするのが正解だろうか。相手のほうに刃先を向けるのは危ないし失礼。そこで、自分のほうに刃先を向けて、刃の部分を持って渡すようにする。こうする人が相当多いのではないか。しかし、相手が料理にこだわる人なら、こんな渡し方をされると気分を悪くしてしまうだろう。

刃先を自分に向けて渡すのは正しいが、肝心の持ち方が誤っている。持つところは刃ではない。刃に手の脂などがつかないように、柄の根元あたりを下から持つのが正しい方法だ。このとき、刃を相手の右側に向けると、一層マナーがいい。

相手が目上の場合、もう片方の手を刃の背の部分に軽く添えると、もっと丁寧な渡し方になる。

正解

手の脂がつかないように、「柄」を持って渡す

料理がまずくなる選択

例えば、インスタントラーメンを
すぐにほぐそうとする…。
日々の暮らしのなかで、
間違った選択をよくするのが
なんてことはない普段の料理だ。

NG!

インスタントラーメン

「ゆではじめ」のころからほぐす

熱湯に麺を入れて、3分間ほどゆでるだけ。誰でも簡単にできるインスタントラーメンも、じつは作り方によって味に相当な違いが出る。

非常に多くの人が実行しているNG調理法が、まだゆではじめのころから、箸で麺をほぐしてしまうことだ。はじめは麺がまだ固いままなので、箸でかき混ぜると割れやすい。その裂け目から水分が入り込み、ゆでムラができて、食感が悪くなってしまうのだ。

麺をほぐすベストのタイミングは、メーカーが指定するゆで時間の3分の2の時点。ゆで時間3分なら2分、5分なら3分半のときに箸を入れてほぐす。こうすると、麺にダメージを与えずにほぐせ、ゆで加減を均一にすることができる。

正解 「ゆで時間の3分の2」の時点でほぐす

NG!

大根おろし

「円」を描くようにおろして、ざるそばに

大根おろしを作るのは、なかなかの重労働。とはいえ、これがあるとないとでは、ざるそばや天ぷら、サンマの塩焼きなどの満足度が格段に違ってくる。

では、ざるそばによく合うピリッと辛い大根おろしは、どのように作ればいいだろう。よくやるおろし方で、円を描くようにぐるぐる回すのはどうか。じつは、このおろし方では繊維がつぶれ、水分と一緒に辛み成分も抜け出て、甘い大根おろしになる。天ぷらにはぴったりだが、ざるそばの味は引き立てない。

辛い大根おろしは、力強く直線的に往復させて作る。こうすると、繊維をスパッと断ち切るので、水分や辛み成分が抜け出しにくい。どのおろし方を選ぶかによって、甘い辛いが決まることを覚えておこう。

正解 「直線的」におろして、もっと辛い大根おろしに

NG!

カキ

鍋やフライにも新鮮な「生食用」を使う

カキには「生食用」「加熱用」の2タイプがある。生食用のほうが新鮮で品質も良いのだろうと、鍋やカキフライ、バター焼きなど、加熱する料理でも使っている人はいないだろうか。それは完全に間違った選択だ。

カキの生食用と加熱用の違いは、養殖されている海域の水質で決まる。生食用として出荷できるのは、大腸菌の数などが基準以下の海域のものだけだ。当然、陸地や河口部分から離れた、クリーンな沖合で養殖されたカキが多くなる。

生食用は加熱用とは異なり、出荷前に長時間かけて滅菌、洗浄を行い、食中毒のリスクを極力小さくする。新鮮だから生食用を名乗れるというわけではないのだ。

こうした高品質の生食用のカキを、なぜ加熱する料理では使わないほうがいいのか。理由のひとつは、養殖海域のクリーンさだ。陸地や河口部から離れると、海に流れ込む栄養分が少なくなるので、カキのエサとなるプランクトンが大量に発生することができない。こうした環境下では、カキは大きく育ちにくいのだ。加えて、出荷直前の滅菌、洗浄の過程で、カキは絶食状態を強いられるため、身が一層やせてしまう可能性がある。

一方、加熱用のカキは、栄養分の多い沿岸や湾内で養殖されたもの。豊富なプランクトンをエサにして、大きくぷっくり成長し、うま味成分もたっぷり含んでいる。鍋やフライにするなら、加熱用が適しているのは当然だろう。

正解 「生食用」よりも大きくて、味も濃い「加熱用」を

NG!

おにぎり

「キッチンラップ」で握って包む

おにぎりは衛生上の観点から、キッチンラップを使って握りたい。では、握ったおにぎりは、どうやって弁当箱に入れたら、おいしさが保てるのだろうか。

最悪なのは、握ったラップでそのまま包んでおくことだ。これでは、まだ熱いおにぎりから水蒸気がたくさん放出されて、表面がべたっとしてしまう。握ったラップは必ずはがして、いったん冷ましてから、新しいラップで包み直すこと。こうすると、べたべた感は大分軽減される。

さらに良いのは、ラップのように密着せず、水蒸気を外に逃がせるアルミホイルで包み直す方法だ。少しクシャクシャにしてから包むと、アルミホイルとおにぎりの間に小さな空間がいっぱいできるので、一層べたっとしなくなる。

正解

「アルミホイル」で包み直すと、べたっとしない

NG!

電子レンジ

ラップをかけて温め直す

電子レンジで料理を温め直すとき、どんな場合も、丁寧にキッチンラップをかけてチンする人がいる。もちろん、このやり方は間違いだ。ラップをかけるもの、かけないものを、ちゃんとチョイスしなければならない。

ラップをかけたほうがいいのは、ふっくらさせたいものや、汁気の多い料理。その代表がご飯で、ラップをかけないで温めると、表面の水分が飛んで、おいしくなくなってしまう。ほかに煮物や蒸し物なども、ラップをかけて温めるのが基本だ。

これに対して、水分を飛ばしてカラッと仕上げたいものには、ラップをかけてはいけない。揚げ物や焼き物などにラップをかけて温めると、表面がベチャベチャになって、悲惨な状態になるはずだ。

正解

カリッとさせたいものにはラップをかけない

NG!

みりん

「みりん風調味料」で魚の煮つけを作る

みりん売場には、大きく分けて、「本みりん」「みりん風調味料」に分類される商品が並んでいる。見た目の色合いなどはほとんど同じ。値段を見ると、みりん風調味料のほうが安いので、こちらを選んでいるという人も多いだろう。

本みりんとみりん風調味料は、いったいどこがどう違うのか。まず、本みりんは酒税法上の酒類で、アルコール分を14％程度含んでいる。

日本酒とは違って、もち米と米麹《こめこうじ》を主原料として醸造。もち米が分解されるときに、オリゴ糖などのさまざまな糖類や、うま味のもとであるアミノ酸、ペプチドが作られることによって、本みりんならではの深い味わいが生まれる。

本みりんには2年から3年かけて、じっくり熟成させる伝統製法の本格派もあるが、現在の一般的な本みりんの場合、醸造アルコールや糖類などを加えて、40日から2か月程度で仕上げて出荷する。

これに対して、ブドウ糖や水飴、調味料、香料などを原料とし、みりんに味を似せて作ったものがみりん風調味料。本みりんとは似て非なるもので、アルコールはほとんど含まれていない。手早く製造されるのに加えて、酒税法の対象外なので、安い値段をつけられている。

では、両者の調理効果を見てみよう。本みりんは複数の糖類を含むため、まろやかな甘みがあり、食材の表面にテリとツヤをつけることもできる。一方、みりん風調味料の場合、甘みの上品さ、コクの深さなどの点では劣るものの、本みりんに近い効果は一応期待できる。

しかし、本みりんの調理効果はまだまだある。煮崩れ防止や素材の臭み消し、味の染み込む速さといったものだ。これらはアルコールの持つ働きで、みりん風調味料にはない。魚の煮つけをはじめ、和食の煮物類を作る機会が多いのなら、少々値段が高くても、ぜひ本みりんを選ぶようにしたい。

正解 「本みりん」なら煮崩れ防止、臭み消しも

NG!

ご飯

余ったら、「冷蔵庫」で保存する

炊いたご飯が余ったとき、どうやって保存しているだろうか。炊飯器で保温するのが一番楽だが、黄ばみや匂いがつくのが気になる。そこで、皿に盛ってラップをかけ、冷蔵庫に入れておくことも多いのではないか。

しかし、ご飯の保存場所に冷蔵庫を選ぶのは最悪だ。味が大きく落ちるので、決して試してはいけない。

冷蔵庫保存がNGなのは、ご飯の主成分であるでんぷんの性質による。炊く前の米をはじめ、生の状態の穀物に含まれるでんぷんは「β《ベータ》でんぷん」と呼ばれ、水分が少なくて固く、食べても消化することができない。

このβでんぷんに水を加えて加熱すると、でんぷん内部に水分が入り込んで膨張し、粘り気のある「α《アルファ》でんぷん」に変化。この状態になると、人の消化酵素で消化でき、おいしく食べられる。

けれども、この「αでんぷん」は、いったん変化したら、そのままの状態を保つわけではない。0℃に近い低温の環境に置かれると、再びβ化しようとする性質を持っている。冷蔵庫はまさにその温度。このため、ご飯を冷蔵庫で保存すると、粘り気が失われ、固くてパサパサになってしまうのだ。

ご飯の味を落とさずに保存するのは、αでんぷんの状態をキープすることが肝心。最適な場所は、マイナス15℃〜18℃の冷凍庫だ。ここまで温度が下がると、でんぷんはβ化しようとはしない。

ご飯を冷凍するときは、まだ温かいときに、小分けにしてラップにふんわり包む。このとき、おにぎりのように丸く握らないで、平たく広げるのがポイントだ。こうすると、均一に解凍することができる。

粗熱がとれたら、熱伝導率の高いアルミホイルで包み、冷凍庫で急速冷凍。電子レンジで解凍すれば、α化されたままの状態で食べることができる。

正解 α化の状態をキープするため、「冷凍庫」で保存する

NG!

魚の塩焼き

塩を振るタイミングは「焼く直前」

魚の塩焼きは、とても簡単な料理。塩を振って、すぐに焼けばいい……こんな思い違いをしていると、毎回、まずい塩焼きを食べる羽目になる。

魚に塩を振るのは、味つけのためだけではない。塩を振ると、魚の臭みを含んだ水分が染み出してくる。これを拭いてから焼くと、イヤな生臭みのない焼き上がりになるのだ。臭みの強い青魚なら、塩を振って20～30分、臭みのあまりない白身魚は5～10分程度置くといい。

加えて、塩を振ってしばらく置くと、魚のうま味が増し、身には弾力が出る。焼く直前に塩を振ったら、こうした効果はすべて得られない。おいしい塩焼きにするため、塩の振りどきを正しくチョイスしよう。

正解 臭みを抜くため、「焼く20～30分前」に振る

NG!

牛肉のステーキ

塩を振るタイミングは「焼く20分前」

魚を塩焼きにする場合、塩を振ってから焼くまで、ちょっとしたインターバルがあったほうがいい。牛肉も同じように、しばらく塩をなじませてから焼いたらどうなるか。味がぐっと落ちて、残念なステーキやソテーになるのは間違いない。

魚と違い、肉は塩を振ってから、時間を置いて焼くのは禁物。魚は水分とともに臭みが出ていくが、肉の場合はうま味が一緒に出ていってしまう。

肉の場合は、塩を振ったら時間を置かず、すぐに焼くのが鉄則だ。塩だけでなくコショウも肉の水気を吸うので、焼く直前に振るのがいい。塩コショウを均一にするため、30㎝程度の高めの位置から振るようにしよう。

正解 **うま味が抜け出るので、「焼く直前」に振る**

NG!

冷凍肉

「常温」で素早く解凍する

スーパーの特売日に肉を多めに買い、冷凍してストックしておく。多くの人が行っている節約術だろうが、問題は解凍方法のチョイスだ。うまく解凍できないと、ドリップがたくさん流れ出て、うま味の抜けたまずい肉料理になってしまう。

いちばん手軽なのは、冷蔵庫から取り出し、常温のキッチンにそのまま置いて、自然解凍にまかせることだろう。しかし、この方法は絶対に試してはいけない。凍った中心部分が解けるまでの間、表面は常温にさらされ続けて、細菌が発生しやすい状態になってしまう。

電子レンジの解凍機能を使うのも楽なやり方だ。短時間で急速解凍してくれるので、限られた時間内で調理するにはぴったりかもしれない。

ただし、電子レンジで解凍すると、うまくいかないこともしばしば出てくるだろう。解凍時間が足りないと、肉の内部はまだガチガチの状態のまま。その逆に、必要以上に長く解凍すると、熱が加わり過ぎて、表面がうっすらと白く変色し、すでに加熱調理がはじまった状態になってしまう。電子レンジを使う場合は、何度か試してみて、ちょうどいい解凍の仕方を見つけなければいけない。

最もオーソドックスな解凍方法は、冷蔵庫に入れておくことだ。低温でゆっくり解凍することにより、イヤなドリップはほとんど出ない。

この方法のデメリットは、長い時間が必要なこと。薄切り肉でも数時間、かたまり肉なら半日ほどもかかる。このため、切り落としやしゃぶしゃぶ用の肉は当日の朝、ステーキ肉やブロック肉なら前日の夜、冷蔵庫に移しておく必要がある。

夕方帰宅し、夕食までに解凍したい場合は、ボウルや鍋に氷水をたっぷり入れて、そのなかにビニール袋などに入れた冷凍肉を浸けるのがいい。これなら1時間半〜2時間で解凍でき、しかもドリップはあまり出ない。流水に浸したら、もっと短時間で解凍できるが、ドリップはかなり出てしまうので、やめておいたほうが無難だ。

(正解) ベストは「冷蔵庫」、急ぐときは「氷水」で

NG!

エビ

殻をむいてから、ゆでたり炒めたりする

エビ料理を作るとき、殻をむいておくか、それとも殻つきのまま火を通すのがいいのかと、迷ったことはないだろうか。多くの場合、選ぶべきは、殻をそのままにしておくこと。食べるときに面倒だからと、前もって殻をむいてから調理したら、せっかくのエビ料理が台無しになりかねない。

エビの身は、加熱されると収縮しやすい。このため、殻をむいたものをゆでたり、炒めたりしたら、水分とうま味成分がどんどん失われてしまうのだ。一方、殻つきのまま火を通せば、殻がガードしてうま味を逃がさず、身もぷりぷりになる。

なお、殻をむいて炒める料理の場合、あらかじめ片栗粉をまぶしておけば、殻と同じような働きによって、身がパサパサにならない。

正解 殻つきで火を通さないと、身がパサパサに

NG!

煮豆

砂糖を全部一度に入れる

おせち料理の黒豆をはじめ、小豆や大豆などを使う煮豆。ただ味つけして煮るシンプルな料理だが、難易度はなかなか高く、豆がしわしわになったり、固くなったりと、残念な仕上がりになることが少なくない。

煮豆を失敗するとき、その原因で多いのが、砂糖の入れ方のミスチョイス。必要な砂糖を一度に入れると、煮汁の浸透圧が一気に高くなるため、豆から水分が抜け出してしまう。これがしわしわや固さの大きな原因だ。

煮豆には、砂糖は数回に分けて加えるのが決まり。こうすれば、浸透圧が少しずつ高くなるので、ほくほくした状態のまま味が染み込んでいく。

正解 **豆から水分が抜け出ないよう、数回に分けて入れる**

NG!

そうめん

「氷水」に浸けて食卓へ

暑い夏に欠かせない人気メニューのそうめん。大きく分けて、その盛りつけ方にふたつの方法があるのを知っているだろうか。

ひとつは、深い皿に冷たい氷水を入れて、麺をそのなかで泳がせる。もうひとつは、水をしっかり切って、ザルや平たい皿に盛りつける方法だ。特に地域差があるわけではなく、各家庭の好みで、こうした異なる盛りつけ方に分かれるようだ。

氷水に浸けると、見た目がとても涼しく、麺も一層冷たくなる。しかし、麺が水を吸うことによって、だんだん軟らかくなり、食感が悪くなってしまう。加えて、めんつゆに氷水が入りやすく、食べるうちに味が薄まっていくのも良くない。結論として、ザルか平皿に盛りつけるほうがおいしく味わえる。

正解

水を切って「ザルか平皿」に盛るほうがうまい

残念、効果なしの選択

夏は暑いから冷水シャワーで、
インナーも絶対着ない。
そんな「効果あり」と思って、
自信を持って選んでいる方法が、
じつは「効果なし」だとしたら…。

NG!

夏のシャワー

「冷水シャワー」で体を冷やす

暑い夏は風呂に浸からず、シャワーだけで済ませている人は多いだろう。ぬるま湯で汚れを洗い流し、最後は冷水シャワーで体を冷やすと爽快だ。しかし、その瞬間は気持ちいいだろうが、やめておいたほうがいい。スッキリして浴室から出ても、涼しいと感じるのはたった数分。ほどなく、暑さを一層感じることになる。

冷たい水を浴びると血管が収縮し、血流が滞《とどこお》って、体から熱が逃げにくくなる。冷たいと感じるのは、肌が冷えているときだけで、その後は逆に暑くなってしまうのだ。夏のシャワーは冷水ではなく、あえて温水を選ぼう。体を温めると血管が拡張し、血液量が増加して、体内の熱を放出してくれる。シャワー直後こそ、体表の温度が高くなっているが、すぐに涼しさを感じるようになる。

正解

「温水シャワー」のほうが体温を下げる効果あり

NG!

リンス

シャンプー後、濡れた髪にリンスをつける

髪をケアするとき、シャンプーを洗い流したら、すぐにリンスやコンディショナー、あるいはトリートメントに移ってはいないだろうか。特に問題はなさそうに思えるかもしれないが、それでは十分なヘアケア効果を得ることができなくなる。

リンスなどの前には必ずタオルドライをして、髪の水気をある程度取り去ることが肝心だ。髪が濡れたままだと、成分が薄れて効果が弱まってしまう。加えて、油分を含んでいることから、水ではじかれてしまい、髪にうまくくっつかない。次からは、シャンプー後にこのひと手間を必ず加えるようにしたい。

最後のすすぎは、十分に行うことが大切。ぬめりを感じなくなるまで、しっかり洗い流すようにしよう。

正解 合間に「タオルドライ」のひと手間をチョイス

NG!

インナー

夏は暑くなるので「インナーなし」

近年、夏の暑さが非常に厳しい。猛暑を乗り切るには、できるだけ涼しい服装をと、インナーを着ないことが多いかもしれない。だが、そのチョイスはまったくの逆効果。服のなかに熱がこもり、かえって暑くなってしまう。

不思議なことだが、シャツ1枚だけを着るよりも、その下にインナーを1枚あわせるほうが、体は暑さをより感じなくなる。

これは、衣服内の湿度と深く関係している。ある実験によると、「インナーなし」の場合、衣服内湿度は約90%と極度のムシムシ状態。これに対して、「インナーあり」にしたら、それよりも20%も低い約70%にとどまった。

この差がさらに広がったのが、涼しい場所で10分程度休んだときだ。「インナーなし」の場合、衣服内湿度が約80%までしか下がらず、ムシムシした不快な状態が続く。一方、「インナーあり」では約50%まで低下し、快適な湿度になった。

「インナーあり」で衣服内湿度が低くなるのは、汗をかいてもインナーがすぐに吸ってくれるからだ。湿度が低いと、汗をかいてもすぐに蒸発し、気化熱が奪われることによって涼しさを感じる。
しかし、湿度が80％や90％まで上昇すると、もう汗は蒸発しない。このため、暑い日に「インナーなし」を選ぶと、シャツの下で汗をだらだらかいた不快な状態のまま、過ごさなくてはいけなくなるわけだ。

正解　汗を吸うので、「インナーあり」のほうが涼しい

NG!

亜麻仁油

たくさん摂取したいから、「炒めもの」にも

最近、ヘルシーな食品として注目されている「亜麻仁油《あまにゆ》」は、体内では生産できない「オメガ3系」という脂肪酸のひとつ。青魚などにも含まれる「α《アルファ》-リノレン酸」が豊富で、不足すると生活習慣病や肌荒れなどの原因になるといわれる。

毎日の食事に、この亜麻仁油を取り入れている人は多い。少々値段は張るものの、健康や美容のためならと、さまざまな料理に活用し、たくさん摂取したいと思うかもしれない。しかし、炒めものなどの加熱料理に使うのはやめるべきだ。

亜麻仁油は高温で加熱すると、性質が変わって、体内で有効に働かなくなってしまう。炒めものなどに使っても、意味はないのだ。ただし、変性するのは約200℃に達してからなので、味噌汁やスープに加えて食べる分にはかまわない。

正解 加熱はNG。「生」か「低温の料理」で

NG!

亜麻仁油

ドレッシングを「作り置き」する

健康や美容に効果大ながら、日本人に不足している脂肪酸の「亜麻仁油」。油のなかでも、特に加熱に弱いので、生のまま使うのが原則だ。

最も簡単な摂取方法は、スプーンなどに移して飲むこと。とはいえ、亜麻仁油は味と香りにややクセがあるため、そのまま飲むのは辛い……と感じる人もいるだろう。そうした場合は、醤油やめんつゆなどの好みの味つけを加えて、ドレッシングとして使うのがおすすめだ。

ただし、亜麻仁油は酸化しやすいので、作り置きをするのは禁物。空気にできるだけ触れないように、使うたびに瓶から出すことを心がけたい。開封後は瓶のなかでも酸化していくので、1瓶を1～2か月で使い切るようにしよう。

正解 酸化しやすいので、「使うたびに作る」

NG!

おでん

よく煮込んで、味を染み込ませる

冬の定番料理のおでん。強火でぐつぐつ煮るのは厳禁なので、弱火でゆっくり時間をかけて、ことこと煮込んでいく。ところが、こうして完成したおでんは、なぜだか、味がもうひとつ染みていない……。これはいったいどうしたことか。

おでんで大事なのは、煮込むことよりも冷ます工程だ。煮込めば煮込むほど、味が染み込んでいきそうだが、そんなことはない。熱が加わっている間、具材からは水分が煮汁のなかへ出ていってしまう。

これに対して、冷めていくときには、煮汁から具材へと水分が戻ってくる。この作用によって、味が染み込んでいくのだ。じっくり煮込み続けるのではなく、火から下ろして、ゆっくり冷ましていく過程を重要視しよう。

正解

ゆっくり冷まして、味を染み込ませる

NG!

ハム

安全性の高い「無塩せき」をチョイス

ハム、ソーセージ売場には、やや値段が高めの「無塩せき」タイプのものもある。できるだけ安心できるものをと、こちらの商品を選んで買う人もいるだろう。

「無塩せき」で使われていないのは、亜硝酸塩に代表される発色剤。肉を鮮やかな色に保ち、肉の臭みを取り、食中毒を起こすボツリヌス菌の繁殖も抑える食品添加物だ。しかし、その一方で、発がん性が懸念されることから、より安全性を求める消費者向けに「無塩せき」の商品が生まれた。

ただし、「無塩せき」イコール「無添加」ではない。一般的なハム、ソーセージと同様に、リン酸塩などの食品添加物は使われていることが多い。これらもあわせて気になる人は、パッケージ裏面の表示をチェックし、無添加のものを買うのがいいだろう。

正解 ほかの食品添加物も避けたいなら「無添加」を

NG!

明太子

ヘルシーで安心できる「無着色」を買う

辛子明太子のなかには、どぎついほどの赤い色をしたものがある。不自然な色が気になる場合、見た目のやや地味な「無着色明太子」を選ぶ手がある。このタイプはギラギラした色をしておらず、確かに、何となくヘルシーっぽい。

しかし、明太子にはさまざまな食品添加物が使われている。「無着色明太子」で使用されていないのは、そのなかの着色料。多くの場合、鮮やかな色を出すための発色剤や、保存性を高める酸化防止剤などは、一般の明太子と同様に使われている。

食品添加物を避けたいなら、「無着色明太子」ではなく「無添加明太子」。これなら、着色料はもちろん、発色剤や酸化防止剤なども添加されていない。近所のスーパーで見つけることができなければ、インターネット通販で探して購入するのがいいだろう。

正解 **着色料不使用なだけ。気になるなら「無添加」を**

NG!

樹脂製のまな板
洗って乾燥させたものをそのまま使う

木のまな板を使っている場合、毎回、使用する前にある作業が必要だ。必ず水をかけて、布巾《ふきん》でさっと拭き取ること。このひと手間をルーティンとして取り入れることにより、食材の匂いや水分がまな板に染み込まなくなる。

では、家庭でよく使われている樹脂製のまな板ではどうか。じつは、同じ作業を選択しないと、せっかく備わった機能の効果がなくなる。

樹脂製のまな板には、抗菌剤が配合されていることが多いが、乾燥した状態では力をまったく発揮できない。水に濡れてイオンを発生することにより、雑菌の増殖を抑制する仕組みになっているからだ。樹脂製まな板の場合も、使う前には忘れずに水をかけるようにしよう。

正解　濡らして使わないと、抗菌効果が期待できない

NG!

ハチ

刺されたら、「おしっこ」をかける

「ハチに刺されたら、おしっこをかけるといい」と聞いたことはないだろうか。尿にはアルカリ性のアンモニアが含まれているため、酸性のハチ毒を中和してくれるという理屈だ。しかし、これは二重の意味で誤っている。まったく効果はないので、試しても無駄だ。

まず、アンモニアは腎臓で中性の尿素に変換されるため、尿そのものはアルカリ性どころか、弱酸性から中性なのだ。さらに、ハチ毒は酸性ではなく中性。いずれにせよ、尿をかけても中和させることはできない。

ハチに刺されたときの応急処理としては、流水でよく洗うのが最も効果的。少しでも体調がおかしいと思ったら、急いで医療機関を受診しよう。

正解 **効果なしの迷信。よく「水」で洗う**

かなり恥ずかしい選択

ビジネスでの振る舞い方から、
暮らしのなかのしぐさ、
和洋中のテーブルマナーまで、
間違うと恥ずかしい選択は
いっぱいあるから覚えておこう。

NG!

平服

「カジュアル」な服装を選ぶ

結婚式の二次会や法事などの際、「平服でお越しください」と言われることがある。こうした場合、どういった服装をチョイスするのがいいのだろうか。言葉を真に受けて、ジーンズやTシャツといったカジュアルな普段着で出席すると、招いたほうは目をむいてしまうに違いない。

「平服で」とは「普段着で」ということではなく、「正式な礼装の必要はありません」という呼びかけだ。男性ならスーツ、女性はスーツかワンピースを着るのが基本。色も重要で、ダークグレーや紺色のような派手ではないものを選びたい。こうした服装を「略礼服」という。子どもの場合は、学校の制服があれば、それを着るのがいちばんいいだろう。

正解

スーツなどの「略礼服」にしないと失礼

NG!

ズボン

太ってきたから、大きめの「2タック」を選ぶ

スーツのズボンには、生地を畳んだヒダヒダの「タック」があるものとないものがある。近頃はノータックのスリムタイプが流行りだが、中年男性の場合、ぽっこり出てきたお腹を隠したいと、よりゆったりした「2タック」のズボンを選びたくなるのではないだろうか。

確かに、2タックをはくと、お腹を隠せた気がするかもしれない。しかし、2タックはヒップや太ももにも余裕をもたせている。このため、腰回りや脚の肉が落ちている人の場合、ウエストは合っていても、ヒップや太ももはだぶだぶで、貧相な印象を与えかねない。こうした体型の人は、ある程度、体にフィットしたズボンのほうが無難。腹が出ているから2タック、と決めつけないようにしよう。

正解 体にフィットしたズボンのほうが目立たない

NG!

靴

玄関を上がるとき、「後ろ向き」で脱ぐ

人の家を訪問したとき、玄関でどのように靴を脱ぐのが正しいだろうか。考えられるひとつのやり方は、上がる直前に後ろを向く脱ぎ方だ。靴を脱ぐと同時に、きちんと揃えることができるという、なかなか合理的な行動だ。とはいえ、この脱ぎ方では、訪問先の相手に対して、お尻を向けることになってしまう。これは大変失礼なことで、決してやってはいけないマナー違反の振る舞いだ。

訪問時に行うべきは、まったく逆の脱ぎ方。後ろを向くのではなく、前を向いたまま靴を脱いで上がり、それからしゃがんで靴を揃える方法だ。しゃがむときには、やはりお尻の位置に注意。体を斜めにして、相手にお尻を向けないように気をつけながら、靴を揃えるようにしよう。

正解 そのまま「前向き」で脱ぎ、しゃがんで揃える

NG!

靴箱

「かかとを手前」にして靴を入れる

小学生のころ、運動靴や上履きを下駄箱にしまうとき、出し入れしやすいように、かかとを手前にしていたのではないか。確かに、このようにすると、子どもでもスムーズに靴を出し入れすることができる。

しかし、正式な場では、振る舞いを改めなければいけない。この長年身についた方法で行うと、ちょっと恥ずかしい思いをしてしまう。

かかとを手前にして下駄箱に入れると、靴の汚れた中敷きやすり減ったかかとなどが、ほかの人から見えやすくなる。これはけっこう見苦しいので、つま先を手前にするのが正しい作法とされている。下駄箱が用意されている店や施設、会社などでは、この脱ぎ方をチョイスしたほうがいいだろう。

正解

「つま先を手前」にして入れるほうが上品

NG!

挨拶

「挨拶しながら」お辞儀をする

会社の上司や取り引き先、近所の知り合いにと、日頃、私たちはいろいろなシーンで、挨拶とお辞儀をしている。気心の知れた相手なら、少々くだけた感じで接してもかまわないだろう。しかし、目上の人に向かったときなど、礼を欠いてはいけない場合、やってはいけない恥ずかしい振る舞い方がある。

その代表的なものが、挨拶しながらお辞儀をすることだ。挨拶と同時にお辞儀をすると、顔を下に向けているときに、「おはようございます」などと言うことになる。

マナーを押さえた正しい振る舞い方は、まず、相手の顔を見ながら声を出して挨拶をする。そして、息を吸いながら上体を前に傾けていき、45度程度の角度で止めて息を吐く。それから息を吸いながら、上体をゆっくり上げていく。特にビジネスシーンでは、この挨拶とお辞儀をする機会が多いので、必ず身につけておきたい。

やってはいけないお辞儀の仕方は、ほかにもまだまだある。そのひとつは、何度も繰り返しお辞儀をすることだ。本人は丁寧に振る舞っているつもりかもしれないが、周りから見ると、ぺこぺこしているようで、妙に卑屈な印象を受ける。背筋を伸ばさず、背中を丸めたお辞儀も、何だか貧相に見えるのでNGだ。

上体を傾けずに首だけでちょこんとするお辞儀、立ち止まらないで歩きながらのお辞儀も禁物で、とても失礼なヤツだと思われる。じっと相手を見ながらのお辞儀も、礼儀に反する振る舞いなので、決してやらないようにしよう。

正解 「挨拶してから」お辞儀をするのがマナー

NG!

ノック

訪問先のドアを「2回」ノックする

ドアを開ける前、ノックするのは基本的なマナー。特にビジネスでは上司の部屋に入るとき、営業先の会社を訪問する際など、必要となるシーンが多い。

では、ノックは何回するのが正しいのか。日本では「コン、コン」と2回ノックする人も少なくないが、じつは国際的にはマナー違反。これはトイレのドアを叩くときにするものなので、「トイレノック」ともいう。ビジネスでは4回叩くのがマナーで、3回ノックは親しい相手に使うのが基本とされる。

日本は、ドアよりも引き戸が多かったことから、ノックについては厳密な共通ルールはない。4回は叩き過ぎと感じる人もいることから、無難なマナーとされている3回ノックを基本にするのがいいだろう。

正解 「2回」はトイレ用。日本では「3回」が無難

NG!

握手

男性から女性に握手を求める

近頃、ビジネスシーンではよく行われるようになってきた握手。しかし、元々、日本にはなかったスキンシップなので、正式なマナーを知らず、見よう見まねで行って、相手にイヤな顔をされる場合もあるようだ。

男性から女性に対して握手を求めるのも、代表的なマナー違反のひとつ。非常に失礼な行為とみなされるので、特に外国人相手には絶対にやってはいけない。

レディファーストの国々の習慣なので、男女の握手では、あくまでも主導権があるのは女性側。相手から手を差し出してきたら、それに合わせて自分の手を伸ばして行うようにするのが決まりだ。力の入れ具合も重要で、男性相手なら、やや力を込めて握り合うのがマナーだが、女性に対しては軽く握らないと怒りを買ってしまう。

正解

女性が手を差し出してから握手する

NG!

手皿

汁が垂れそうなとき、迷わず「手皿」をする

箸で食べものを口に運んでいくとき、片方の手を下に添えてフォローする。上品なしぐさだと思い込んでいるのか、あるいは無意識の動作なのか、この「手皿」をする人はじつに多い。もちろん、これは和食の作法に反した下品な振る舞いだ。

汁の垂れそうな食べものを口に運ぶ際、次の2つから行動を選ぶようにしたい。まず、器を持って食べるようにすること。器が大きい場合、食べやすく切り分けたものを取り皿に移し、その取り皿を持って食べるようにするといい。

次のチョイスは、手のひらサイズの和紙である「懐紙《かいし》」を使うことだ。これを受け皿代わりに使うのは、和食の作法のひとつ。懐紙は口元を隠したり、指や口を拭いたりすることもできるので、格式の高い和食の場にはぜひ持参しよう。

正解

手ではなく、「小皿」で受けないと下品に見える

NG!

大皿料理

箸を「逆さ」に持って取り分ける

大勢で大皿料理を前にしたとき、自分が食べる分をどうやって取り分けたらいいのか。よく見かけるのが、箸を逆さにして取り分けする姿。自分が口にする箸の先のほうは使うに忍びない、という心づかいのようだが、マナーに厳しい人が同席していたら、即座に注意されるだろう。それは「逆さ箸」という下品な箸づかいだと。

箸を逆さにして取り分けると、手で持っていた部分が料理に触れることになり、衛生的ではない。また、箸の両端が汚れることになるので、見た目のうえでもキレイとはいえないだろう。

取り分けるときは、店の人を呼んで、新たに箸を持ってきてもらうのがいちばん。作法を知らないと思われないように、決して間違った箸づかいはしないようにしよう。

正解 **「逆さ箸」はマナー違反。新たに箸を持って来てもらう**

NG!

三種盛りの刺身

食べたいものから「自由に」食べる

色合い異なる刺身が右・左・中央奥と、彩り良く組み合わさった「三種盛り」。格式の高い店で出されるものは、脇役であるつまやけんの配置も美しい。さて、この三種盛りはどのように食べ進めるのがいいだろうか。

どうと言われても、好きなものから選ぶに決まっている……こう思った人は、本人が気づかなかっただけで、これまでに恥を相当かいているに違いない。

三種盛りの食べる順番は決まっている。まず左から食べて、次は右、最後に中央奥に食べ進めるのが作法だ。多くの場合、淡泊な白身からはじまり、次は貝類などを味わい、最後は味の濃い赤身で締める流れになっている。刺身と交互に、つまやけんを少しずつ食べると、一層上品な食べ方に見える。

正解

「左→右→中央奥」の順番に食べ進めるのが作法

NG!

椀

食べ終えたら、「逆さ」にして重ねる

何気ない振る舞い方で、その人の〝育ち〟が見えるのが食事のシーン。吸い物や味噌汁の椀をフタつきで出されたときも、扱い方で印象がアップしたり、一気に急降下したりする可能性がある。

作法に厳しい人が注目するのは、食べ終えたときのフタの置き方。どう行動するのかは二択となる。フタを元通りに戻して閉じるのか、それとも、フタを逆さまにして椀の上に重ねるのか。

逆さまを選ぶ人は、「食べ終えた」ということを示す気づかいだと思っているのだろう。しかし、これではフタや椀が傷つきやすくなってしまう。見た目も上品とはいえないので、フタは元通りにしておくのが正解だ。

正解 フタが傷つくので、「元通り」に重ねる

NG!

中国料理

円卓を「反時計回り」に回す

円卓を囲んで、賑やかに中国料理を食べる。こんな楽しい時間にマナーなんかない、と思うかもしれない。しかし、ここでもシンプルかつ重要な二択を迫られる。円卓は時計回りと半時計回り、どっちの方向に回すのか、という問題だ。それぞれが勝手に右や左に回すと、全員が均等に料理を取る機会を得られなくなってしまう。

大いにヒンシュクを買うのは、反時計回りに回したとき。楽しい会話が急にとだえ、全員から白い眼で見られるかもしれない。

円卓は時計回りに回すのが基本。目の前に大皿が回ってきたら、すぐに料理を取り皿に取って、次の人に向けて円卓を回すようにしよう。ただし、自分のすぐ左側にある料理を食べたいとき、少しだけなら、反時計回りに回してもかまわない。

正解 **円卓は「時計回り」に回すのが基本**

NG!

中華麺

丼からラーメンのように直接する

ラーメンと中国料理の麺料理はよく似ている。このため、本格的な中国料理店で中華麺を食べるときも、ラーメンのように丼から麺を直接取り、そのままズズッとすすってはいないだろうか。

一見、よく似てはいるが、ラーメンと中華麺は違う食文化に属する食べものなので、食べ方が異なる。ラーメンは自由に食べてOKだが、中華麺の場合、いったんレンゲに取るというひと手間をチョイス。こうしてから、音を立てないで口に入れるのがマナーだ。仕事関係の会食などで高級店を使うときは、この本式の食べ方を心がけよう。

レンゲの持ち方にも注意が必要で、溝のなかに人差し指を差し込み、親指と中指で挟んで持つのが正式な作法。こう持つと、何だか優雅に見えるので試してみたい。

正解

「レンゲ」にのせてから食べるのがマナー

NG!

ピザ

イタリア料理店で「手づかみ」で食べる

ピザは放射状に切ってから、手づかみでガブッと食べるのが当たり前。こう思ってはいないだろうか。しかし、こうした豪快な食べ方はアメリカ式。日本にはアメリカからピザが伝わってきたことから、このカジュアルなスタイルが広まったわけだ。

普段、手づかみでピザを食べても、誰に注意されることもないだろう。けれども、本格的なイタリア料理店ではNG。ピザの本場、イタリアではナイフとフォークを使って食べるのがマナーなのだ。

イタリアのピザは薄いことが多いので、手で持って食べると具材が落ちてしまう。ナイフとフォークをうまく使って、放射状に切った先端部分からクルクルッと巻き込み、ひと口サイズに切ってから食べるようにしよう。

正解 **本格レストランでは「ナイフとフォーク」を使う**

NG!

ナプキン

店から出る前、「キレイにたたむ」

フレンチやイタリアンのレストランでは、ナプキンを上手に使いこなさなくてはいけない。使い方には作法があるので、ちゃんと覚えていないと、恥をかくことになりかねない。こうした店に慣れていないなら、カトラリーの使い方などを含めて、しっかり予習して出かけるようにしよう。

ナプキンの使い方で間違いやすいのは、食事を終えて席を立つとき。日本人の感覚では、ナプキンをきちんとたたむのが礼儀のように思えるが、まったく逆。キレイにたたんでからテーブルに置くと、じつは「料理がうまくなかった」というサインとして受け取られてしまう。クシャクシャにはし過ぎず、雑にたたんでから置き、席を立つのが上品なマナーなのだ。

正解 それは「まずい」のサイン。「雑にたたむ」のが正解

NG!

ワイン

注がれるとき、グラスに「手を添える」

西洋料理にワインはなくてはならないもの。カジュアルな店なら、同席した相手と気軽に注ぎ合いながら飲むことだろう。

これに対して、高級なレストランの場合、グラスが空になったら店のスタッフが注いでくれる。慣れない人は何だか恐縮してしまい、グラスに手を添えたり、ビールを注がれるときのように、グラスを持ち上げたりするかもしれない。

しかし、これはマナー違反。空になったグラスにワインを注がれようとするとき、選ぶべき行動は何もしないことだ。ただワインが注がれるところを見ているだけでいい。グラスに手を添えたり持ったりすると、ワインを注ぎにくくなってしまう。一見、気づかいのある振る舞いのようだが、こうした場ではNGだ。

正解 ビールとは違って、「手は添えない」のがマナー

NG!

ワイン

乾杯のときに、グラスとグラスを合わせる

カジュアルなパーティーや宴会の乾杯のときは、ビールで行うことが多い。グラスをみなで胸の高さまで持ち上げ、「では、乾杯!」の掛け声とともに、ほかの人とグラスを合わせてカチンと鳴らす。これが一般的によく見られる光景だ。

けれども、格式の高いパーティなどで、ワインやシャンパンで乾杯をする際、絶対にほかのグラスと合わせてはいけない。ワイングラスやシャンパングラスは薄く、繊細な造りになっている。ほかのグラスと合わせると、カチンではなく、ガシャン!と割れてしまいかねないからだ。

ワインやシャンパンでの乾杯は、合図とともに、グラスを目の高さまで上げて、周りの人と目を合わせるだけで十分。TPOをわきまえた行動をチョイスしよう。

正解 グラスが割れやすいので、合わせるのは禁物

NG!

つけ合わせ

どんな料理でも「主菜の奥」に盛りつける

盛りつけ方によって、料理のイメージは随分変わる。いろいろ工夫して、華やかさや豪華さを演出してみたいものだが、やはり基本は押さえておかないといけない。

例えば、魚のムニエルを作った場合、主菜のムニエルを手前に置き、その奥にブロッコリーやポテトなどのつけ合わせを配置するのが正解だ。では、ブリの照り焼きではどうか。同じように照り焼きを手前、大根おろしを奥にして出したら、その席に客がいた場合、大恥をかいてしまう。

主菜を手前、つけ合わせを奥にするのは西洋料理の基本。これに対して、和食では、つけ合わせやあしらいものがある場合、主菜の右前に配置するのが作法だ。いざというときに恥をかかないように、普段から注意しておこう。

正解 和食なら「主菜の右前」が決まり事

ダメージの大きな選択

布団を圧縮してしまう、
ドライバーでねじを回す、
掃除機のコードを巻き取る。
こうした簡単な動作でも、
選択を誤ればダメージは大！

NG！

布団圧縮袋

できるだけ薄く圧縮してしまう

冬物の布団をコンパクトに収納できる「布団圧縮袋」。できるだけ収納スペースを取らないようにと、カチカチに圧縮したくなるかもしれない。しかし、やめておいたほうがいい。次に使うとき、布団の状態を見て、ガッカリするだろうから。

布団圧縮袋は便利なアイテムだが、布団のふかふか感を損ないやすいという欠点がある。空気をよく抜いて圧縮するほど、布団に対するダメージは大きくなるので要注意。なかの素材が傷んでしまい、もとの状態に戻らなくなる場合もある。袋に入れたときの3分の1程度の厚みにすることを目安に、圧縮するようにしよう。

密閉するには、閉める前にチャックを湿った布で拭いて、ほこりを取ったほうがいい。ただ、湿気が残っていると、カビの原因になるので、完全に乾くのを待とう。

正解 3の1程度の厚さに圧縮しないと布団が傷む

NG!

ステンレス水筒

「塩素系漂白剤」を使って殺菌

猛暑の夏は冷たい水を補給して熱中症を予防、冬は温かいドリンクを飲んでほっこり……。保冷も保温もできるステンレス製の水筒は、一度使うと手放せなくなる便利なアイテムだ。

使用後に台所用洗剤で洗っていても、毎日のように使っていると、茶渋などの汚れがつくようになる。ときには漂白剤を使ってピカピカにしよう。ただし、ステンレスの水筒に塩素系漂白剤は禁物だ。金属は塩素に弱いので、錆びたり、穴が空いたりするトラブルの原因になってしまう。

ステンレスの水筒に使うのは、酸素系漂白剤。1週間に1回程度、漬け置き洗いをして、台所用洗剤だけではなかなか落ちない汚れを取ろう。

正解 錆びるので「酸素系漂白剤」をチョイス

NG!

ドライバー

ねじを「回す」ことに力を入れる

DIYには欠かせない、基本中の基本の工具がドライバー。カラーボックスを組み立てるときなど、ごく簡単な作業でも必要なので、どの家でも常備しているだろう。この誰でも使えるはずの身近なドライバー。じつは相当な割合の人が、誤った使い方をしているようだ。

ドライバーの操作方法は、「ねじを押しながら回す」というシンプルなもの。この動きのなかで、かなりの割合の人が「回す」ことに重点を置いているが、それではうまくねじを回すことはできない。じつは、ドライバーは「回す」よりも「押す」ことに重点を置くべき工具。「押す力7・回す力3」がベストのバランスとされている。

ねじを回しはじめのときに限っては、力を入れなくて簡単に回るので、押す力はあまり必要ない。その後、ねじが入り込むにしたがって、押す力のほうを意識し、最後にしっかり締める段階では、一層、力を入れて押しながら回すのがコツだ。

ねじを緩めるときも押す力は大事。特に、固く締まっているねじを緩める場合、回すことだけ意識すると、ねじ穴に与えるダメージが大きくなる。ねじを押しながら回すと、スムーズに緩めることができるはずだ。

また、片手だけでドライバーを使う人が少なくないが、これもNGだ。利き手で柄の部分を持ち、もう片方の手を軸に添えるのが正しいフォーム。軸がぶれないように支え、ねじとドライバーが常に一直線上にあることを意識して回すようにしよう。

正解 「押す7・回す3」の力加減で使う

NG!

掃除機

電源コードを「一気に」巻き取る

掃除機をかけ終えたあと、電源コードを巻き取るのが大好き、という人は多いのではないか。スルスルッと一気に巻き取られていくのを見ながら、「ああ、今日も掃除をやり終えた」という充実感に浸る。そのたびに、掃除機がダメージを受けることも知らないで……。

電源コードは、内部に細い銅線が入った繊細な構造になっているから、強い負荷をかけないほうがいいのは当然だ。一気に巻き取ると、勢いよく縮んでいくうちにコードが絡まる恐れもある。

掃除を終えたら、コードが一気に巻き取られないように、先端にある電源プラグを持つ。そのうえで、ゆっくり巻き取るようにしよう。

正解

傷つかないように「ゆっくり」巻き取る

NG!

シューズ

「ランニングシューズ」でウォーキングする

ウォーキングをしている人の足元を見ると、派手めの「ランニングシューズ」を履いていることが少なくない。「ウォーキングシューズ」はデザインがかなり地味なので、スポーツや運動でもファッションを重視する人は、選びづらいのかもしれない。

しかし、体の負担を考えると、専用のシューズを履くほうがいいに決まっている。

ランニングは着地時の衝撃が大きいため、シューズは底のクッションが柔らかいのが大きな特徴だ。一方、ウォーキングシューズの底は基本的に固めになっている。この相違点から、ランニングシューズで長時間歩くと、足の負担が大きくなって、ふくらはぎの筋肉が張りやすい。歩くのに適した専用シューズを履いて、快適にウォーキングを楽しみたいものだ。

正解 底が柔らかいのでウォーキングには不向き

NG!

ハンガー

シャツをかけるときはボタンを留めない

ビジネスシーンで着こなすシャツは、パリッとしているほうがいい。なかでも襟元部分は目立つので、ここがクタッとしていると、何だか仕事ができなさそうに見えてしまう。シャツの襟がそうした残念な状態になっているのは、ハンガーに吊るしているとき、ボタンをまったく留めていないからかもしれない。

シャツのボタンを全開にしてハンガーに吊るすと、襟の形が崩れて、だらしない状態をキープすることになる。シャキッとした襟にするには、一番の上のボタンを留めておくことが肝心だ。こうしておくと、襟周りが着ているときに近い状態になるので、型崩れすることがない。アイロンをかけるときも、襟を簡単に整えられるので、短い時間で仕上げることができる。

正解 **襟の型崩れ防止に、一番上のボタンは留める**

NG!

入浴

「ボディタオル」でしっかり洗う

風呂での体の洗い方は、ふたつのやり方に大きく分かれる。ボディタオルでごしごしこするか、手洗いだけで済ませるかだ。

ボディタオルで洗うと、アカなどの汚れが全部キレイに落ちる気がして、確かにすっきりするだろう。けれども、ごしごし洗うときの摩擦によって、角質がダメージを受け、皮膚を守るバリア機能が低下する恐れがある。特に敏感肌や乾燥肌の人、皮膚が弱い高齢者などは要注意だ。

基本的に、体の汚れを落とすのにボディタオルは必要ない。ボディシャンプーや石けんを泡立て、手洗いするだけで十分だ。ただし、それだけでは古い角質が肌に残ってしまうので、週1回程度は柔らかい浴用タオルで洗うようにしよう。

正解

「手洗い」を基本に、週1回は「柔らかいタオル」で

NG!

食器洗い

「食洗機用洗剤」で食器を手洗いする

食器洗い機はとても便利な家電だが、ちょっとしたコップ洗いなどは、手で洗うほうが早くて簡単だ。このとき、台所用洗剤が切れていたらどうするか。まあ、同じ食器を洗う洗剤だからと、食洗機用洗剤を使っている人はいないだろうか。

台所用洗剤と食洗機用洗剤は、同じ洗剤でもまったく性質が違う。台所用は人の手に優しい中性で、界面活性剤で泡立たせることによって汚れを落とす。一方、食洗機用は高温・高圧の洗浄メカニズムに合った成分になっており、界面活性剤は含んでいない。中性のものもあるが、より洗浄力の高い弱アルカリ性のものも多い。

このため、食洗機用洗剤で手洗いすると、汚れが落ちにくく、しかも手荒れをする可能性がある。手で洗う場合は、必ず台所用洗剤を選ぼう。

正解 手荒れの危険あり。必ず「台所用洗剤」で

リスクの高い選択

大きな間違いに気がつかず、
リスクの高い選択ばかり。
そんなことでは、
モノが傷みやすいだけでなく、
体に悪影響を及ぼすかも！

NG!

成型肉

「レア」の焼き加減で食べる

牛肉といえば、ステーキがいちばん。肉好きのなかには、血が滴るような「レア」、肉の中心部が生の「ミディアム・レア」が好きな人も多いだろう。

しかし、こうした生に近い焼き加減で食べるのは、「本物の牛肉」だけにしておくべきだ。工場で加工された「成型肉」を生に近い状態で食べたら、食中毒を起こしてしまう危険がある。

スーパーの肉売場でサイコロステーキを買った場合、焼く前に必ずパックの表示をチェックしよう。そこに「成型肉」と印刷されていたら、「ウェルダン」の焼き加減をチョイスすべきだ。

肉の内部にまで十分に火が通るまで、成型肉は決して食べてはいけない。実際、成型肉のパックには「あらかじめ加工処理しておりますので、なかまで十分に加熱してお召し上がりください」といった注意書きがあるはずだ。

成型肉とは約40年ほど前、くず肉や牛脂などを原料として、日本で作られるようになった安い肉のこと。元々の肉質が悪いので、調味料やビーフエキス、大豆たんぱくといった食品添加物がたくさん加えられている。最近では、生け花で使う剣山のような注射針を使い、さっぱりした輸入肉に和牛の脂を注入し、人工的な〝霜降り〟を作り出すこともある。

成型肉をしっかり焼かなければいけないのは、こうした加工により、内部が汚染されている可能性があるからだ。実際、格安ステーキチェーン店で、生焼けの成型肉サイコロステーキにより、腸管出血性大腸菌O157の食中毒が発生し、40人以上もの患者を出したこともある。

成型肉はサイコロステーキとして販売されていることが多い。本物の牛肉をカットしたものよりもかなり値段が安いので、飛びつきたくなる人もいるかもしれない。しかし、そもそも、こうした肉を選んで買う意味があるのだろうか。

正解　食中毒の危険あり！　必ず「ウェルダン」にする

NG!

カレー

ひと晩寝かせてから食べるとうまい

カレーをひと晩寝かせるとうまくなるのは、科学的にも証明されている。肉や野菜のうま味がソースに溶けてコクが出る、余熱によって香辛料の刺激が丸くなる、ブイヨンのうま味成分の熟成が進む、といったことが要因だ。

ひと晩寝かせるとき、夏ならともかく、ほかの季節はひと晩くらい常温でも大丈夫だろうと、鍋のままキッチンに置きっ放しにしてはいないだろうか。じつは、この保存の仕方はかなり危険で、家族全員が食中毒になってしまう可能性がある。

寝かせたカレーに潜み、下痢や腹痛などを引き起こすのは、ウェルシュ菌という食中毒菌。人や家畜の便、土や水中など、自然界に広く分布しており、カレーの具になる牛肉や豚肉、鶏肉もよく汚染されている。

このウェルシュ菌が厄介なのは、特殊な細胞「芽胞《がほう》」を作ると、強い耐久力を持つ休眠状態になり、100℃の高熱でも死なないことだ。多くの細菌は加熱することによって簡単に死滅する。しかし、ウェルシュ菌だけはぐつぐつ煮込んでも生き残ってしまう。

鍋を火からおろし、温度がある程度下がったら、ウェルシュ菌は休眠状態から目覚め、猛烈な勢いで増殖していく。

こうしてカレーをはじめ、シチューやおでんといった多めに作りがちな鍋料理で、ウェルシュ菌の食中毒が起こるわけだ。

ウェルシュ菌は20℃~50℃のときに増殖するので、選ぶべき保存場所は冷蔵庫。鍋のままでは余熱が続くので、平たい容器に小分けにして、できるだけ速く冷ましてから、冷蔵庫で保存しよう。

翌日、冷蔵庫から出したら、食べる前に十分加熱すること。前日、冷ますまでの短い間に、万一、ウェルシュ菌が増殖していても、この増殖タイプは芽胞を作らないので、加熱によって死滅させることができる。

正解 常温保存は食中毒の危険あり。小分けにして冷蔵庫へ

NG!

洗濯

すすぎに「風呂の残り湯」を利用する

風呂の残り湯を洗濯に再利用する人は多いだろう。皮脂は若干残ってはいるが、洗剤を加えるので、洗う衣類にそうした汚れが移る心配はない。しかし、残り湯ですすぎまで行うのはNGだ。

残り湯をすすぎには使いたくないのは、そのなかに皮脂だけでなく、細菌も溶け込んでいるからだ。風呂の湯をひと晩そのままにしておくと、細菌の数は約1000倍にまで増加。こうした汚染された水ですすぐと、衣類に細菌が付着して、イヤな臭いの原因になってしまう。

残り湯を使っていいのは、「洗い」の段階まで。すすぎに使う水には、清潔な水道水をチョイスするようにしよう。

正解

すすぎは雑菌のいない「水道水」で

NG!

吹雪の夜間走行

遠くまで見えるように「ハイビーム」で照らす

雪のなかをクルマで夜間走行するのは、慣れていないと緊張するものだ。雪の勢いが強くなり、吹雪になってしまったら、視界がなおさら悪化。遠くまで見えるようにと、ヘッドライトを「ハイビーム」にチェンジする……こんなことは絶対にやってはいけない。まさかの結果にパニックになり、事故を起こすかもしれない。

ロービームの照射距離は前方40mだが、ハイビームは100m。通常の夜間走行では、対向車がいないときは、できるだけハイビームで照らすのが正解だ。しかし、吹雪のときにハイビームをチョイスすると、雪に乱反射して逆に視界が悪くなってしまう。雪国の住人には常識だが、そうでない場合は知らない人が多い。旅行や出張などで雪の多い地方に行き、大雪のなかを夜間走行することがあれば十分注意しよう。

正解 乱反射して視界が悪くなる！「ロービーム」で

NG!

防虫剤

どの衣類にも「同じ防虫剤」を使う

衣替えの時期になり、季節に合った衣類を衣装ケースから取り出したら、虫に食われて穴が開いていた……。こういった悲惨な目にはあいたくない。そこで、ほとんどの人は、タンスや衣装ケースに必ず防虫剤を入れておくことだろう。

大事にしたい毛皮からウールのセーター、普段着のシャツまで、衣類といってもさまざま。でも、まあ同じ衣類だからと、すべての引き出しや衣装ケースに、同じタイプの防虫剤を入れている人もいるのではないか。しかし、防虫剤にはいろいろなタイプがあって、効能が異なり、衣類の向き不向きも違う。うまく使い分けなければ、高い防虫効果が得られないどころか、トラブルを起こしてしまうかもしれない。

防虫剤には大きく分けて4タイプがある。1つは「ピレスロイド系」と呼ばれるもの。防虫剤といえば、独特の臭いを連想するが、このタイプは無臭であることから、最近の主流になっている。効き目がある程度長持ちすることも特徴で、効果が約6～

12か月間続く。

ピレスロイド系は臭いを気にしなくていいので、普段よく着る衣類にぴったりだ。防虫剤はほかのタイプと併用すると、化学反応によって、衣類の変色やシミを引き起こすことがあるが、ピレスロイド系だけはほかの防虫剤とも併用できる。ただし、銅を含む金属ボタンが黒く変色する可能性があるので、こうした衣類には使えない。

「しょうのう」は穏やかな効き目が特徴で、大事な和服や毛皮、絹製品などにおすすめ。効き目は6か月程度持続する。最も揮発しやすく、即効性があるのはパラジクロロベンゼン。害虫がつきやすい動物性繊維を使った衣類に適しているが、効果は3〜6か月でなくなるので注意しよう。最も効果が持続し、12か月間有効なのがナフタリン。着る機会の少ないフォーマルウェアに最適だが、合成皮革製品には悪影響を与える恐れがある。

こうした特徴を理解したうえで、どの防虫剤を使うかチョイスしよう。

正解 適したものを選択しないと衣類が傷む！

NG!

台所用スポンジ

使うたびに洗っているので、手入れは不要

食べ終えた食器や、肉を切った包丁、まな板などを洗う台所用スポンジ。細菌が繁殖しやすそうだが、使うときには毎回、台所用洗剤をつけて洗っているのだから、特に除菌する必要はないと思うかもしれない。

しかし、湿っていて、温かく、食べもののカスが残っている台所用スポンジは、細菌が増殖するのに絶好の環境といえる。

一説によると、家のなかで細菌が最も多いのが台所用スポンジ。使うたびに、いくら台所用洗剤で洗っても、細菌を減らす効果はないわけだ。ときどき、しっかり除菌しなければ、細菌だらけの状態が続いてしまう。

除菌の仕方としては、漂白剤に浸ける、煮沸消毒をする、電子レンジを使う、といったことがよく行われているようだ。しかし、いずれの方法も、スポンジの繊維を劣化させてしまう恐れがある。

スポンジの繊維は漂白剤に弱いという性質を持つ。加えて、高熱にも強いわけではないので注意が必要だ。

耐熱温度は90℃程度の商品が多いので、沸騰した湯に浸けたり、電子レンジで加熱したりするのは良くない。繊維が劣化して、複雑に変形すると、細菌が一層増殖しやすくなってしまう。

では、どうすればいいのか。台所用スポンジの除菌方法として、最も優れているのは、90℃よりもやや低い熱湯でしっかり消毒することだ。

ボウルにスポンジを入れて熱湯をかけ、1分以上浸けて除菌する。そのうえで、すぐに冷水をかけて、細菌が繁殖しやすい環境よりも温度を下げ、水をしぼってから陰干しする。

間違った除菌方法を選んでいた人は、ぜひ次から時折、この方法で除菌し、安心して食器洗いをしよう。

正解 90℃以下の熱湯消毒で、しっかり除菌する

NG!

まな板

「調理直後」に熱湯消毒で除菌する

生の肉や魚を直接のせるまな板は、包丁と並んで、細菌に汚染されやすいキッチン用具。危険な食中毒を防ごうと、調理直後は必ず、台所用スポンジで洗ってから、熱湯をかけて消毒している人もいるだろう。

けれども、このとき、細菌をすべて死滅させることができなかったら、どうなるか。生き残った細菌が、まな板の上でどんどん増殖し、次に使うときには凄まじい数に増えているかもしれない。

まな板を熱湯消毒するタイミングは、調理した直後ではなく、調理の直前がベスト。こうするだけで細菌の数がゼロに近づくので、食中毒になるリスクをぐっと減らすことができる。

正解 **菌が残っていたら大増殖！「調理直前」に熱湯消毒**

危険を招いてしまう選択

誤った選択のなかでも、
特に注意が必要なのが
危険を招く間違いチョイス。
失敗すれば、熱中症や心臓病に
なってしまう恐れが！

NG!

熱中症対策

のどが渇くので、水を大量にがぶ飲みする

猛暑の夏、熱中症が怖いからと、水を大量にがぶ飲みするケースは少なくない。冷たい水を一気に飲むと、体が冷えて気持ちいいだろう。しかし、大量の水が吸収されることによって、体内のミネラル濃度が薄くなりかねない。

熱中症を予防する水の飲み方は、「大量を一気にがぶ飲み」ではなく、「少量をゆっくりこまめに」。1日3回、300㎖の水を3分かけてゆっくり飲む「3・3・3摂取法」を基本にして、その日の暑さが激しく、発汗量も多いような場合は、飲む回数を増やすのがいいだろう。

また、汗をたくさんかいたと思ったときは、水分とともにミネラルや塩分も失っている。これらを適量含むスポーツドリンク類を取り入れることも考えよう。

正解 **少量の水をゆっくり、何度も飲む**

NG!

かけ湯

入浴前、「肩」からかけ湯をする

風呂に入る前に、誰でも行っている「かけ湯」。桶で湯を汲み、肩から勢いよくザバッとかけてはいないだろうか。そのやり方では、血圧が急激に上昇して、ひどい場合はヒートショックを起こしてしまうかもしれない。

かけ湯は、入浴前に汚れを流すというマナーとして捉えられがちだ。しかし、それだけではなく、血圧の急激な変化を押さえるという重要な意味がある。湯を少しずつかけることによって、熱さに体を慣らしていくわけだ。

このため、いきなり肩にかけ湯をするのは問題で、心臓がビックリしてしまう。かけ湯は心臓から遠い手足からはじめ、体の中心に向けて、5回ほどかけるようにしよう。こうして体が温まってから湯に浸かれば、血圧が急激に上昇することはない。

正解 心臓から遠い「手足」から湯をかけないと危険

NG!

止血

心臓に近い場所を「タオルで縛る」

けがをして相当な出血があった場合、どうやって止血したらいいだろう。昔からよく知られる止血方法は、傷口よりも心臓に近い場所を布やタオルで強く縛る「止血帯法」だ。けれども、この止血の仕方を施すと、逆に出血量が増えることがある。

止血するには、動脈と静脈の流れを同時に止める必要がある。しかし、動脈の血液の流れを止めるには、静脈の9倍もの圧力をかけなければならない。

医療知識のない人が止血帯法を行うと、ほとんどの場合、縛り方が緩過ぎて、静脈だけが締まった状態になる。こうした動脈だけが開いた状態だと、何もしないときよりも出血はひどくなってしまう。

一方、きつく縛り過ぎても危険で、血管や神経を傷つけ、細胞の壊死《えし》も招く恐れがある。いずれにせよ、素人が試みてはいけない止血法なのだ。

一般の人が選ぶべき止血のやり方は「直接圧迫止血法」。傷口にできるだけ清潔な布を当て、手や指で圧迫する方法だ。

押さえている間、そろそろ血が止まったかどうか……と気になるかもしれないが、決して手を緩めて、傷口をのぞいてはいけない。まだ傷口が固まっていない場合、再び出血がはじまってしまう。目安としては、3分以上押さえつけること。だいたいの場合は、これで出血が止まるはずだ。

それでも相当な出血が続く場合は、急いで病院を受診するか、救急車を呼ぼう。

正解 素人には危険！「傷口を圧迫」して止血する

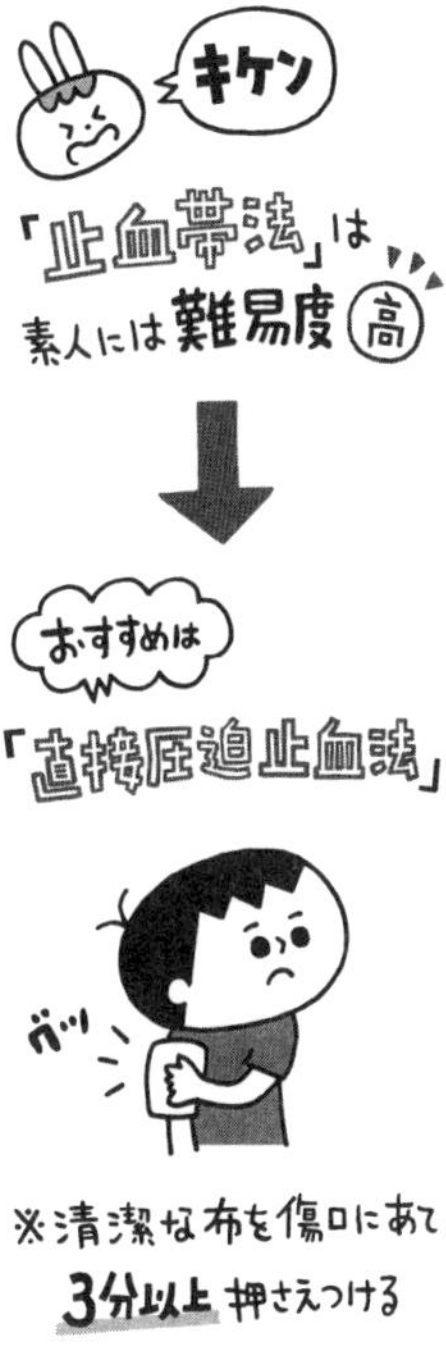

NG!

高速道路に落下物

ぶつからないように、急いでよける

高速道路を走行中、走っているレーンの先に落下物を発見！　こんな肝の冷えることは勘弁してほしいが、実際、車の積み荷や轢《ひ》かれた獣などが落ちていることはしばしばある。こうした場合、急ハンドルで避けたくなるかもしれない。しかし、車に大きなダメージは与えないと思われる落下物の場合、やめておくべきだ。急ハンドルのあとで車が不安定になり、制御できなくなって事故を起こす恐れがある。

あまり大きくはない落下物があった場合、まず急ブレーキを踏んで、速度を落としたうえで、その上を乗り越えることを選択したい。その後、速度を落として側道帯を走り、次のサービスエリアやパーキングエリアに入ってクルマの状態をチェック。走行に不安があれば、契約しているロードサービスに連絡して対処しよう。

正解　大きくない落下物なら、速度を落として乗り越える

NG!

ダニ

刺されたら、すぐに払い落とす

近年、アウトドアレジャーを楽しんでいるとき、マダニに刺される人が増えている。刺されたことに気づいたら、どのような行動を取ればいいのか。マダニは体長0・3〜0・4㎜程度なので、肉眼でも十分確認できる。脚や腕に食いついているのを見つけたら、すぐに払い落としたくなるだろうが、かえって危険を招くのでやめておこう。

マダニは動物に食いつくと、セメント状の物質を出して、自分の口と相手の皮膚を固定する。このため、無理に引っ張ると口だけが残ったり、体がつぶれて体液が注入されたりすることにより、あとで炎症を起こす恐れがあるのだ。

刺されてしまったら、ちょっと気持ち悪いかもしれないが、血を吸ってぷっくり膨れたダニを皮膚につけたまま、早く皮膚科を受診するようにしよう。

正解 口が残ると危険！ 噛ませたまま病院へ

早引きインデックス

衣類

運動

害虫退治

買い物

家電製品

【主な参考文献】

■『覚えておきたい！暮らしの基本100』（扶桑社） ■『NHKためしてガッテン暮らしの知恵袋事典』（アスコム） ■『NHKためしてガッテン食の知恵袋事典』（アスコム） ■『カンタン節約術 あの手この手の便利帳』（青春出版社） ■『調理以前の料理の常識』（渡邊香春子／講談社） ■『調理以前の料理の常識2』（渡邊香春子／講談社） ■『料理のジョーシキ・ヒジョーシキ』（服部幸應監修／主婦と生活社） ■『大人の常識とマナー』（学研教育出版） ■『すぐに役立つマナー事典』（岩下宣子監修／ナツメ社） ■『図解 社会人の基本 マナー大全』（岩下宣子監修／講談社） ■『男のマナー超実践講座』（西出博子監修／ナツメ社） ■『マナーのすべてがわかる便利手帳』（岩下宣子館主／ナツメ社） ■『大人の食べ方&マナー100』（小倉朋子監修／講談社） ■『NHKまる特マガジン・スマートな食べ方の流儀』（講師小倉朋子／日本放送出版協会） ■『和食・洋食・中国料理の よくわかるテーブルマナーBOOK』（市川安夫／旭屋出版） ■週刊ポスト2014年8月8日号／高速道路の大渋滞 ■月刊れぢおん青森2013年7月号／シジミを冷凍してオルニチンを8倍に！

【主な参考ホームページ】

■大阪府／こたつの省エネ ■東京都水道局／ミネラルウォーター類 ■独立行政法人農畜産業振興機構／消費者コーナー・砂糖類情報 ■日本養鶏協会／たまごの知識 ■全国味醂協会／本みりんの知識 ■精糖工業会／よくある質問 ■もやし生産者協会／もやしの表示 ■日本医師会 白クマ先生の子ども診療所／虫に刺された場合 ■北海道医師会／けがした際の止血法について・ダニに刺された時には ■日本アルミニウム協会／社会に貢献するアルミ箔の世界 ■日本パスタ協会／パスタのおいしいゆで方 ■ケベック・メープル製品生産者協会／メープル豆知識のひとサジ ■愛知県共済生活協同組合／知っておきたい暮らしのマナー講座 ■東京都福祉保健局 食品衛生の窓／ウェルシュ菌 ■東京都健康安全研究センター／マダニにご注意！ ■東京都クリーニング生活衛生同業組合／洗剤を知る・防虫対策 ■オルニチン研究会／シジミを冷凍すると？ ■NTT西日本大阪病院／熱中症の予防と対策 ■東京電力エナジーパートナー／でんきの省エネ術 ■東北電力／省エネチェックシート ■北陸電力／環境家計簿 ■大阪ガス／ガス機器を賢く使う ■湘南液化ガス／ガスの節約術 ■ヤマキ／よくあるご質問 ■キッコーマン／みりん・料理酒のQ&A・しょうゆの種類と特徴 ■ミツカン／お酢は

どうやって保管したらよいですか？　■宝酒造／本みりん百科　■境田かき／生食用と加熱用の違い　■パナソニック／アルカリ・マンガン乾電池・洗濯機　■明治産業／省エネ術のご紹介　■伊藤園／日本茶のいれ方　■象印／ご飯の炊き方・ステンレスボトル　■ネスレ／マギーおいしさのひみつ　■花王／ヘアケアサイト　■ライオン／アクロンQ&A・台所用洗剤　■グリコ／カレーの科学　■HONDA／雪道の走り方　■塩水港製糖株式会社／砂糖の真実　■TOJIRO／まな板のお手入れ　■ちりめんじゃこ専門店 東野海産／「ちりめんじゃこ」と「しらす」の違い　■皇朝／これが中華料理のマナーです　■創業100年牛肉博士／交雑種とは!?　■藤野屋商店／たまごコラム　■KTC／工具の基礎知識　■ウチコト／その電池の使い方NGかも・床暖房のお得な使い方　など　■DAIKIN／空気の学校　■つまんでご卵／卵の雑学　■讃州庵／茹で方のポイント　■ミヤチク農村協働工舎／牛肉の上手な解凍方法　■グリーン購入ネットワーク／「トイレットペーパー」購入ガイドライン　■浜島書店生物図表Web／ゴキブリはなぜ逃げ足が速いのか　■ヨミドクター／風邪に抗生物質は効きません！　■AERA／買い物で3つのムダをなくす方法　■NIKKEI STYLE／手皿はダメ 恥をかかない和食のマナー・栄養を100%採る野菜の食べ方　■ESSE／「脱・3つのNG」でインスタントラーメンは限界までウマくなる！・台所スポンジは、じつは煮沸も漂白剤もNG！　■プレジデント／焼き魚のふり塩は、味付けのためだけではない　■レタスクラブニュース／ラップ派とアルミホイル派の論争に終止符！　■プレジデントオンライン／ワインの〝乾杯〟でバレる一流の人三流の人　■DIME／掃除機の電源コードを巻き取る時は注意が必要です　■東洋経済ONLINE／「ボディソープでゴシゴシ」は洗いすぎです　■NHK／あさイチ　夏の汗対策　ほか　■NHK健康ch／危ない！お風呂のヒートショック　■TBSラジオ／高速道路の渋滞、左車線の方が早く着く理由・食品ラップは食べものによって3種類を使い分けるべきだったらしい　■産経ニュース／動脈硬化学会声明　■Asagei plus／高速か下道かの判断基準は？　■JCASTニュース／そうめんは「氷水」に入れちゃダメ！　■Amebaニュース／大根おろしの作り方　■ビジネスジャーナル／コレステロール摂取は健康に影響せず　■JAF／クルマ何でも質問箱　■LIVINGくらしナビ／「どっちがお得？」検定　■マイカジ／ゴキブリと出会ってしまったときの対処法　■エネピ　■価格．com／電気料金比較・洗濯用洗剤　など　■Excite Bit／微糖、低糖、甘さひかえめ…その違いは？　■オートックワン／高速の渋滞では左車線のほうが速い？　■エコカフェ／お風呂の残り湯を使うと汚れが落ちやすくなる　■ケンカツ／血管を強くする食品　■シマヤ／使用方法　■TREK／クロスバイクとロードバイクの違い　■BIKE PLUS／自転車通勤　■教えて！goo／もやしが傷みやすい理由と正しい保管方法　■All About／「ニンジンの皮はむいてはいけない」のウソ・ホント　■ふくふくブログ／フグ刺しのマナ

ー　■太陽笑顔fufufu／「アマニ油」「えごま油」美と健康によい油の摂り方と控え方　■スキンケア大学／意外と知らない？シャンプー・リンスの正しい付け方　■カラダのキモチ／体温の謎を解け！熱中症対策マニュアル　■発酵美食／和食の楽しみ方入門　■ゼクシィキッチン／しらす干しとちりめんじゃこの違いは？　■ゼクシィ／招待客の装いとマナー　■リクナビ／社会人と接する最低限のマナー　■知ってトクする大人のマナーを大公開／靴の脱ぎ方&靴箱への入れ方とは　■5コマでわかる食べ方のキホン／イタリアンピザ　■トラブルch／高速道路で落下物があった場合の対処方法とは？　■お布団工房／布団のプロが圧縮袋をおすすめしない唯一の理由と上手な使い方　■アパホテル／正しいシャツの干し方知っていますか　■ウィメンズヘルス／ランニングシューズで歩くのはよくないの？

本文デザイン／青木佐和子
本文イラスト／まつむらあきひろ
編集協力／編集工房リテラ（田中浩之）

青春新書
PLAYBOOKS

人生を自由自在に活動《プレイ》する

人生の活動源として

いま要求される新しい気運は、最も現実的な生々しい時代に吐息する大衆の活力と活動源である。

文明はすべてを合理化し、自主的精神はますます衰退に瀕し、自由は奪われようとしている今日、プレイブックスに課せられた役割と必要は広く新鮮な願いとなろう。

いわゆる知識人にもとめる書物は数多く窺うまでもない。

本刊行は、在来の観念類型を打破し、謂わば現代生活の機能に即する潤滑油として、逞しい生命を吹込もうとするものである。

われわれの現状は、埃りと騒音に紛れ、雑踏に苛まれ、あくせく追われる仕事に、日々の不安は健全な精神生活を妨げる圧迫感となり、まさに現実はストレス症状を呈している。

プレイブックスは、それらすべてのうっ積を吹きとばし、自由闊達な活動力を培養し、勇気と自信を生みだす最も楽しいシリーズたらんことを、われわれは鋭意貫かんとするものである。

—創始者のことば—　小澤和一

編者紹介

ホームライフ取材班

「暮らしをもっと楽しく！ もっと便利に！」をモットーに、日々取材を重ねているエキスパート集団。取材の対象は、料理、そうじ、片づけ、防犯など多岐にわたる。その取材力、情報網の広さには定評があり、インターネットではわからない、独自に集めたテクニックや話題を発信し続けている。

日本人《にほんじん》の9割《わり》がやっている
間違《まちが》いな選択《せんたく》

青春新書 PLAYBOOKS

2018年9月30日　第1刷
2019年7月5日　第2刷

編　者　ホームライフ取材班《しゅざいはん》

発行者　小澤源太郎

責任編集　株式会社プライム涌光

電話　編集部　03(3203)2850

発行所　東京都新宿区若松町12番1号 〒162-0056　株式会社青春出版社

電話　営業部　03(3207)1916　振替番号　00190-7-98602

印刷・図書印刷　製本・フォーネット社

ISBN978-4-413-21121-5